amy butlers
Taschen-Tick

amy butlers
Taschen-Tick
12 Wege zu 26 wundervollen Taschen

Fotos von David Butler

EMF

EIN BUCH DER
EDITION MICHAEL FISCHER

Bibliografische Information der Deutschen Bibliothek.

Die Deutsche Bibliothek verzeichnet diese Publikation in der deutschen Nationalbibliografie. Detaillierte bibliografische Daten sind im Internet über http://www.d-nb.de/ abrufbar.

Ein Buch der Edition Michael Fischer
1. vollständig überarbeitete Neuauflage 2014

Alle Rechte der deutschsprachigen Ausgabe bei
© Edition Michael Fischer GmbH, Igling
Text © 2010 Amy Butler
Fotografien © 2010 David Butler

Erstveröffentlicht bei Chronicle Books LLC
Titel der Originalausgabe: Amy Butler's Style Stitches

Aus dem Englischen übertragen von Heike Fröhlich und Katharina Eichler
Gesamtherstellung: Stefanie Jähnig

ISBN 978-3-86355-245-9

www.emf-verlag.de

Inhalt

Vorwort

12 wunderbar einfache Anleitungen für 26 neue Handtaschen

Wenn Sie dieses Buch in den Händen halten, liegt die Vermutung nahe, dass Sie Handtaschen ebenso lieben wie ich. Meine Schnittmuster entstehen aus Entwürfen für stylishe, einzigartige und individuelle Taschen – Persönlichkeit zeigt sich auch immer in einem persönlichen Kleidungsstil. Eigene Kleidung oder Wohndekoration zu gestalten und, ja, auch Handtaschen anzufertigen sind eine wunderbare Möglichkeit, sich von der Masse abzuheben und zu zeigen, welche kreativen Kräfte sich in Ihnen verbergen.

Die Projekte dieses Buchs wurden so entworfen, dass sie leicht und angenehm nachzuvollziehen sind. Sie bekommen grundlegende Modelle vorgestellt, die viele Möglichkeiten zur Variation eröffnen. Los geht es mit zwölf Basismodellen, die Sie mit einzigartigen Elementen individualisieren können. Die meisten Handtaschen sind so entworfen, dass Sie diese leicht abändern und nach Ihrem persönlichen Geschmack mit Details versehen können. Schließlich geht es darum, dass Sie Ihren eigenen Stil verwirklichen können.

Ich habe das Buch so aufgebaut, dass es mit einfachen Taschen beginnt und mit komplexeren endet (obwohl sich alle von Näherinnen mittlerer Expertise bewältigen lassen). Wenn Sie gerade erst angefangen haben zu nähen, können Sie das Buch durcharbeiten und Ihre eigenen Fortschritte beobachten. Selbst wenn eine Tasche ganz einfach zu nähen ist, heißt das nicht, dass ihr Design simpel sein muss. In diesem Buch geht Einfachheit niemals auf Kosten einer schicken Gestaltung.

Vor allem wenn Sie Anfängerin sind, sollten Sie sich zuerst die Einführung (S. 13) durchlesen. In diesem Kapitel finden Sie Hinweise und Tipps zu Material, Werkzeug und Stoffen sowie Richtlinien zum Abmessen, die sich Ihnen als unverzichtbar erweisen werden. Schlagen Sie im Glossar (S. 171) nach, in dem Nähausdrücke verständlich erklärt werden und illustrierte Anleitungen Schritt für Schritt ans Ziel führen.

Wenn Sie auch meine anderen Bücher „Nähen mit Amy Butler: Einfach und schön" oder „Nähen für die Kleinsten: 20 Lieblingsstücke für Baby und Kleinkinder" kennen, schätzen Sie es gewiss, tolle Nähideen für sich und Ihre Lieben alle in einem Buch versammelt zu finden. Nähen ist eine zeitlose Kunst, und nichts beweist individuellen Stil und Geschmack eindeutiger als Selbstgenähtes. Trends kommen und gehen, Sie aber können ganz nach jeweiligen Vorlieben und passend zu Ihrer Stimmung Ihre eigene Mode ausleben und schneidern.

Viel Vergnügen wünscht

Amy

Einführung

STOFFE

Sie treten vor die Tür und präsentieren der Welt Ihre neueste Kreation – welche wird es sein? Jedem werden sofort zwei Dinge an Ihrer Tasche auffallen: die Form und der Stoff. Jeder Stoff hat seinen ganz eigenen Charakter. Aufregend, edel, ruhig, elegant, selbstbewusst oder wild. Je nach Stimmung oder Anlass fühlen Sie sich zu anderen Stoffen hingezogen. Verschiedene Taschen repräsentieren die vielfältigen Facetten Ihrer Persönlichkeit und Ihre sprudelnde Kreativität.

Ich gestalte auch Stoffmuster. Vielleicht sind Sie einer Meinung mit mir: Der schönste Teil am Taschennähen ist, sich den Stoff auszusuchen. Auch praktische Aspekte müssen bedacht werden. Brauchen Sie einen stabilen Stoff oder genügt für das Modell ein dünnerer? Passt der Stoff zur geplanten Größe der Tasche? Eignet sich neuer oder alter Stoff besser? Lassen sich die Stoffsorten kombinieren? Für Shopper eignet sich zarter Stoff weniger, da diese viel aushalten müssen. Ein stabiles Futter und saubere Arbeit sind durch nichts zu ersetzen, können aber dem Durchscheuern nicht vorbeugen, wenn der Stoff zu dünn für das Projekt war. Seien Sie also vernünftig, wenn Sie den Stoff auswählen. (Wobei ich zugeben muss, dass ich bereitwillig alle Vorsätze über Bord werfe, wenn ich mich in einen Stoff verliebe!) Wenn es unbedingt das zarte Abendkleid Ihrer Großmutter sein muss, das zu einer neuen Schultertasche umgenäht wird, können Sie immer noch mit Einlagen ausgleichen oder einen robusten Futterstoff verwenden.

Wenn Sie gerade erst mit dem Nähen anfangen, sind Sie vielleicht von der Auswahl der Stoffe überfordert. Keine Sorge! Hier finden Sie einige Tipps zur Auswahl des Stoffs und der Vorbereitung, bevor Sie loslegen.

• Lesen Sie die Materialliste sorgfältig und achten Sie besonders auf das Gewicht Ihres Stoffs. Bedenken Sie zusätzlich, dass Sie mit der Einlage die angezielte Dicke, Steifheit und das erwünschte Gewicht bestimmen können. Wenn Sie Stoff wiederverwerten, achten Sie darauf, dass das verwendete Stück keinen Makel hat, keine Flecken oder brüchigen Stellen.

• Wenn Ihr Stoff ein Muster mit Laufrichtung hat, kaufen Sie eine ausreichende Menge, damit Sie es aneinanderlegen können und es in allen Teilen der Tasche gleich verläuft.

• Wie bei Farben und Mustern folgen Sie auch bei Stoffen am besten Ihrem Instinkt. Arbeiten Sie mit Stoffen, die Ihnen richtig gut gefallen. Sie werden viel Zeit mit Ihrem Projekt verbringen, also stellen Sie Farben und Designs zu spannenden Kombinationen zusammen.

• Entwickeln Sie ein Gefühl für Texturen, Fasersorten und Gewichtsunterschiede. Achten Sie darauf, dass gemeinsam verwendete Stoffe zueinander passen. Kombinieren Sie beispielsweise keine leichte und luftige Baumwolle mit dicker, schwerer Wolle; die sehr unterschiedliche Textur und das ungleiche Gewicht mindern die Qualität Ihres Projekts, außerdem haben die beiden Stoffsorten ganz verschiedene Pflegebedürfnisse. Wenn Sie sich daran halten, in etwa in der gleichen Stofffamilie, Gewichtsklasse und Textur zu bleiben, kann eigentlich nichts schiefgehen. Es stellt kein Problem dar, einen dünneren Baumwollstoff mit einem dickeren zu kombinieren, wenn Sie Ersteren mit einer dünnen Einlage verstärken und dadurch anpassen.

• Es ist wichtig, dass Sie alle Stoffe vorwaschen, bevor Sie mit dem Nähen anfangen. Nur so können Sie sicherstellen, dass die Stoffzuschnitte die richtige Größe haben. Die meisten Baumwoll- und Leinenstoffe können in der Waschmaschine im Kaltwaschgang und mit mäßigem Schleudern gewaschen werden. Trocknen Sie warm, aber nicht zu heiß. Wenn der Stoff ein wenig eingeht, ist das normal. Die Materialangaben berücksichtigen diese Abweichungen.

• Wenn Sie Stoffe wiederverwerten, ist besondere Sorgfalt beim Waschen angebracht. Baumwolle können Sie vorsichtig in der Maschine waschen. Wenn der Stoff einige Zeit kein Wasser gesehen hat, weichen Sie ihn einen Tag lang ein, um die Fasern wieder an das Wasser zu gewöhnen. Wenn Ihnen der Stoff zu empfindlich erscheint, um in der Maschine gewaschen zu werden, waschen Sie ihn von Hand mit etwas milder Seife, spülen Sie ihn sorgfältig aus und lassen Sie ihn an der Luft trocknen.

VERZIERUNG

Das Verzieren macht einen großen Teil der Freude und Individualität beim Nähen aus. Ein bunter Knopf oder lustige Fransen verwandeln eine schlichte Tasche in ein individuelles Schmuckstück. Halten Sie die Augen offen und Sie entdecken in Anitquitätenläden, Secondhandshops und auf Flohmärkten hübsche Knöpfe, Bänder und andere Kurzwaren. Mit einem hübschen Stück Vintage-Spitzenband oder schrullig bezogenen Knöpfen verleihen Sie Ihrer modernen Tasche einen nostalgischen Touch. Das Erscheinungsbild einer Tasche verändert sich auf überraschende Weise, wenn man sie z. B. mit einer altmodischen Brosche schmückt.

GRUNDAUSSTATTUNG AN WERKZEUGEN, DIE SIE FÜR JEDES PROJEKT BRAUCHEN

• Markierstift oder Schneiderkreide
• Bügeleisen und -brett
• Bügeltuch
• Lineal und Maßband
• Schere
• Stecknadeln
• Wendewerkzeug

ZU DEN PROJEKTEN IM ALLGEMEINEN

• Legen Sie Ihr Werkzeug bereit, bevor Sie loslegen. Was Sie auf jeden Fall brauchen werden, sehen Sie oben. Zusätzliches Werkzeug ist bei den betreffenden Projekten aufgelistet.

• Lesen Sie im Stoffverzeichnis (S. 175) nach, welche Stoffe ich für die jeweiligen Projekte benutzt habe, falls Sie die gleichen Muster verwenden möchten.

• Fachausdrücke sind mit einem Sternchen* markiert. Sie finden die Definitionen im Glossar (S. 171).

• Lassen Sie den Stoff, den Sie verwenden möchten, vorher eingehen. Waschen, trocknen und bügeln Sie ihn.

• Wenn nicht anders angegeben, beträgt die Nahtzugabe immer 1,3 cm (steppfußbreit). Die Nahtzugabe ist in den Schnittmustern mit einbezogen.

• Wenn Sie Bügeleinlage verwenden, halten Sie sich bitte an die Anweisungen des Herstellers. Wenn sich der Stoff aufwirft, ziehen Sie die Bügeleinlage vorsichtig wieder ab, solange Sie noch warm ist und erneut aufgetragen werden kann. Verwenden Sie ein Bügeltuch und die Heizstufe für Wolle, wenn Sie die Bügeleinlage befestigen.

1 Weltenbummler-tasche

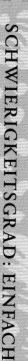

Der große Knopf setzt einen witzigen Akzent auf diese supergeräumige und leicht zu nähende Tasche, die Sie bei allen Ihren täglichen Gängen begleiten wird. Zwei Varianten – Schulter- oder Handtasche – können genäht werden. So haben Sie für jeden Anlass die passende Tasche. Wenig Materialaufwand für ein großartiges Ergebnis.

GRÖSSE	**Tasche mit kurzen Henkeln**
	53,3 cm (Boden 36,2 cm) x 57,2 cm (mit Henkel), 10,2 cm tief
	Tasche mit langen Henkeln
	53,3 cm (Boden 36,2 cm) x 66 cm (mit Henkel), 10,2 cm tief

= =

STOFFE **Aus 110 cm breitem leichtem bis mittelschwerem Stoff**

- 130 cm eines gemusterten Stoffs für die Außenseite

- 115 cm eines passenden festen Stoffs für die Oberstoff-Blenden, kurzen Henkel oder langen Riemen, das Futter der Seitentasche, den Knopf und seine Schlinge

- 130 cm eines weiteren passenden Stoffs mit Muster für das Innenfutter

ZUSÄTZLICHE MATERIALIEN

- 320 cm von 90 cm breiter fixierbarer Gewebeeinlage

- 30 cm von 90 cm breitem Volumenvlies

- 3,8 cm breiter Knopf zum Überziehen

- 1 Rolle passendes Allzweckgarn

- Schnittmusterbogen 2 und 3

Siehe Grundausstattung an Werkzeugen, die Sie für jedes Projekt brauchen (S. 14).

WERKZEUGE

- Bleistift

- wachsfreies Übertragungspapier

- Nähnadel

Folgen Sie dieser Anleitung, egal ob Sie die Tasche mit kurzen oder langen Henkeln anfertigen.

1 DIE SCHNITTMUSTERTEILE ZUSCHNEIDEN

Schneiden Sie folgende Teile anhand der Schnittmusterbogen 2 und 3 zu:

- Hauptteil
- Seitenteil
- Blende
- Henkel/Riemen
- Seitentasche und Seitentaschenfutter
- Futter und Einsteckfach

2 ALLE STOFFTEILE AUSSCHNEIDEN

Aus bedrucktem Oberstoff

a. Legen Sie den Stoff ausgebreitet und mit der **rechten** Seite nach unten vor sich. Schlagen Sie eine Webkante* 33 cm **links** auf **links** ein, die andere 10 cm.
- Schneiden Sie an der Bruchkante* (33 cm) 2 Hauptteile aus.
- An der anderen Bruchkante (10 cm) schneiden Sie die Seitenteile aus.

b. Falten Sie das Schnittteil für das Futter der Seitentasche an der gestrichelten Linie. Es wird mit dem Zuschnitt aus gemustertem Stoff für die Seitentasche verwendet.
- 2 Seitentaschen an der Bruchkante

c. Schlagen Sie den Stoff auf. Übertragen Sie die Abmessungen mit Lineal und Markierstift direkt auf eine einzelne Stofflage auf der **rechten** Seite. Schneiden Sie entlang der Linien.
- 1 Bodenteil: 15,2 x 38,7 cm.

Aus festem Stoff

d. Falten Sie den Stoff längs, mit den **linken** Seiten aufeinander, die Webkanten aneinander.
- 2 Blenden an der Bruchkante
- 2 Futterteile für die Seitentasche an der Kante
- Schneiden Sie 8 Teile für die Henkel: Für die langen Riemen verwenden Sie das ganze Schnittmuster, für die kurzen Henkel falten Sie es an der gestrichelten Linie zurück.

e. Schlagen Sie den Stoff auf. Übertragen Sie die Abmessungen mit Lineal und Markierstift direkt auf eine einzelne Stofflage auf der **rechten** Seite. Schneiden Sie entlang der Linien.
- 1 Schlinge für den Knopf: 12,7 x 30, 5 cm
- 1 Kreis zum Überziehen des Knopfs: Ø 6,4 cm

Aus Futterstoff

f. Falten Sie den Stoff längs in der Mitte, die **linken** Seiten aufeinander, Webkante auf Webkante. Bügeln Sie vorsichtig einen Falz und schlagen Sie den Stoff wieder auf. Legen Sie die Webkanten bündig am Falz an, sodass die linken Seiten aufeinanderliegen. Jetzt haben Sie genug Bruchkanten, um die Futterteile, die Seitenteile und die Einstecktasche auszuschneiden.
- 2 Teile für das Innenfutter an der Bruchkante
- 2 Teile für die Seiten ebenfalls an der Bruchkante
- 4 Teile für die Einstecktaschen (Falten Sie das Schnittmuster für das Futter an der gestrichelten Linie zurück.)

g. Öffnen Sie den Stoff. Übertragen Sie die Abmessungen mit Lineal und Markierstift direkt auf eine einzelne Stofflage auf der **rechten** Seite. Schneiden Sie entlang der Markierungen.

• 1 Bodenteil: 15,2 x 38,7 cm.

Aus Gewebeeinlage

h. Verwenden Sie die bereits ausgeschnittenen Teile als Muster in Originalgröße, um die Einlage zuzuschneiden. Folgende Stücke schneiden Sie aus:

• 2 Hauptteile
• 4 Seitenteile
• 2 Futterteile für die Seitentaschen
• 2 Teile für die Seitentaschen
• 2 Innenfutterteile

• 2 Teile für die Einstecktaschen
• 2 Blenden
• 8 Henkel/Riementeile
• 2 Bodenteile

Aus Volumenvlies

• 1 Einsatz für den Boden: 12,7 x 36,2 cm

ANBRINGEN VON GEWEBEEINLAGE UND VOLUMENVLIES

Siehe Seite 182 für Tipps zum Anbringen von Bügeleinlagen und Volumenvlies.

a. Legen Sie die **linke** Seite des ersten Oberstoff-Hauptteils auf die beschichtete Seite der passenden Gewebeeinlage. Bügeln Sie die Einlage mithilfe eines feuchten Bügeltuchs* fest. Drehen Sie das Teil um und bügeln Sie es erneut. Achten Sie darauf, dass keine Falten entstehen.

b. Wiederholen Sie Schritt 3a, um das passende Einlagenteil jeweils auf das zweite Oberstoff-Hauptteil, die Seitenteile aus Ober- und Futterstoff, die Seitentaschen und deren Futter, die Blenden, das Futter und den Boden, 2 der Einstecktaschen-Teile und alle 8 Henkelteile anzubringen.

c. Legen Sie die beschichtete Seite des Volumenvlieses mittig auf die **linke** Seite des Oberstoff-Bodenteils. An den Rändern wird der Oberstoff rundum 1,3 cm überstehen. Legen Sie die beschichtete Seite der Gewebeeinlage auf das Volumenvlies und bügeln Sie alles auf der **linken** Seite des Bodens fest, sodass die Kanten versiegelt werden und das Volumenvlies eingeschlossen ist. Drehen Sie das Teil um und bügeln Sie es erneut, damit keine Fältchen entstehen.

AN DEN HAUPTTEILEN FALTEN LEGEN

a. Falten Sie das erste Oberstoff-Hauptteil längs in der Mitte und legen Sie die **linken** Seiten aufeinander. Markieren Sie die Mitte oben und unten mit einer Stecknadel. Falten Sie dann wieder auf.

b. Verwenden Sie Übertragungspapier*, Bleistift und das Schnittmuster als Referenz, um die Markierungen für die Falten auf die **linke** Seite des Stoffs zu übertragen. Zeichnen Sie diese entlang der Oberkante des Schnittmusters **rechts** und **links** der Mitte an.

c. Auf der **linken** Seite des Hauptteils legen Sie die beiden ersten Faltmarkierungen mit den **rechten** Seiten aufeinander und stecken die Falten fest. Nähen Sie die Falten längs entlang der Markierung fest, etwa 1,3 cm lang. Vernähen* Sie die Enden.

d. Bügeln Sie die auf der verstärkten Seite entstandene Falte flach, sodass sich der Stoff mittig über die Naht legt. Stecken Sie alles fest und heften* Sie mit der Maschine im Abstand von 0,6 cm zur Oberkante entlang der festgesteckten Falte.

e. Wiederholen Sie Schritt 4c und 4d, um die anderen 3 Falten am Hauptteil und alle 4 Falten am zweiten Hauptteil zu legen.

5 DIE BLENDENSTREIFEN AM HAUPTTEIL BEFESTIGEN

Die Rundungen am Blendenstreifen und am Hauptteil verlaufen unterschiedlich. Sobald sie zusammengenäht, eingekerbt und gebügelt sind, werden sie flach aufliegen.

a. Legen Sie den ersten Blendenstreifen mit dem Hauptteil an ihren **rechten** Seiten zusammen, die gerundete Unterkante des Streifens passend zum oberen Rand des Hauptteils. Stecken Sie die Teile fest und führen Sie den Streifen entlang der Rundungen des Hauptteils. Steppen Sie mit einem Abstand von 1,3 cm am festgesteckten Rand. Vernähen Sie die Enden.

b. Schneiden Sie entlang der Rundung kleine Ecken aus der Nahtzugabe, etwa alle 1,3 cm. So bleibt alles flach. Achten Sie darauf, die Naht nicht durchzuschneiden.

c. Öffnen Sie die Teile. Bügeln Sie die Nahtzugabe auf der **linken** Seite in Richtung Blendenstreifen.

d. Wenden Sie die Teile auf **rechts**. Steppen Sie die Blendenstreifen 0,3 cm vom Saum entfernt, der ihn am Hauptteil befestigt, fest. Vernähen Sie die Enden.

e. Wiederholen Sie Schritt 5a bis 5d, um den zweiten Streifen am zweiten Hauptteil zu befestigen.

6 DIE HENKEL AN DEN HAUPTTEILEN UND BLENDENSTREIFEN ANBRINGEN

Teilen Sie die Träger in 4 Sets à 2 Griffe auf (seitenverkehrte Zusammenstellung).

a. Legen Sie den **linken** Henkel des ersten Sets mit dem Hauptteil **rechts** auf **rechts** zusammen. Richten Sie die linke obere Ecke des Hauptteils mit dem unteren Ende des Henkels aus und stecken Sie die sich deckenden Kanten fest.

b. Nähen Sie steppfußbreit entlang der festgesteckten Kante und passen Sie die Naht an die Rundung an. Die Enden vernähen Sie.

c. Öffnen Sie die Teile. Bügeln Sie die Nahtzugabe auf der **linken** Seite Richtung Henkel.

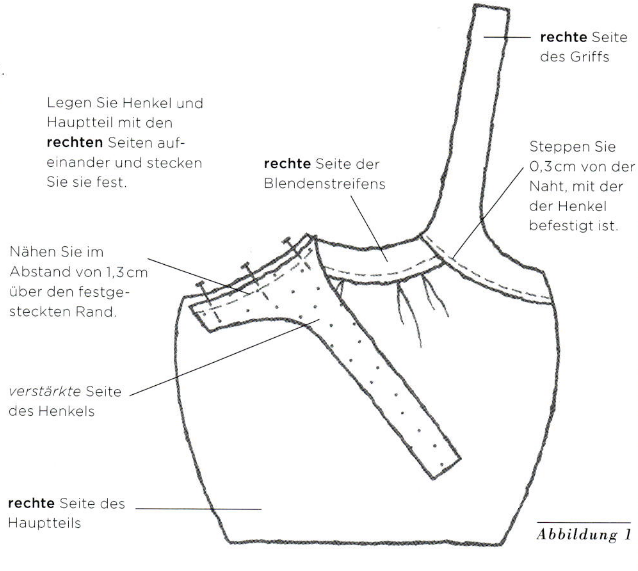

rechte Seite des Griffs

Legen Sie Henkel und Hauptteil mit den **rechten** Seiten aufeinander und stecken Sie sie fest.

rechte Seite der Blendenstreifens

Steppen Sie 0,3 cm von der Naht, mit der der Henkel befestigt ist.

Nähen Sie im Abstand von 1,3 cm über den festgesteckten Rand.

verstärkte Seite des Henkels

rechte Seite des Hauptteils

Abbildung 1

d. Drehen Sie die Teile wieder auf **rechts**. Steppen Sie die Henkel mit einer Naht fest, die 0,3 cm von jener entfernt ist, die den Henkel am Hauptteil befestigt. Vernähen Sie die Enden.

e. Wiederholen Sie Schritt 6a bis 6d, um am oberen rechten Ende des ersten Hauptteils einen zweiten Henkel zu befestigen. Dieser zeigt in die andere Richtung.

f. Legen Sie die 2 Griffe mit den **rechten** Seiten aufeinander, sodass sich die kurzen Enden decken; gehen Sie sicher, dass sie nicht verdreht sind. Stecken Sie sie fest und nähen Sie sie mit einer Naht-zugabe von 1,3 cm fest.

g. Wiederholen Sie Schritt 6a bis 6f, um das zweite Paar Henkel am zweiten Hauptteil zu befestigen.

h. Verstärken Sie auf beiden Hauptteilen den Blendenstreifen und beide Henkel 1 cm von der inne-ren Kante mit einer Stütznaht.

i. Schneiden Sie die Nahtzugabe in den Rundungen der Henkel und Blendenstreifen alle 1–2 cm ein. Achten Sie darauf, die Naht nicht versehentlich aufzuschneiden.

j. Schlagen Sie die eingeschnittenen Kanten zur **linken** Seite der Innenkante der Henkel ein und bügeln Sie sie.

k. Legen Sie die Hauptteile (mit Henkeln und Blendenstreifen) beiseite.

---

7   DIE SEITENTASCHEN HERSTELLEN UND AN DEN OBERSTOFF-SEITENTEILEN BEFESTIGEN

a. Legen Sie den Stoff für die erste Seiten-tasche und deren Futter mit den **rechten** Seiten zusammen, sodass die oberen Ränder aufeinanderliegen. Stecken Sie die Teile fest. Steppen Sie 1,3 cm vom Rand entfernt. Bü-geln Sie die Nahtzugabe in Richtung Futter.

b. Klappen Sie das Futter um das Seitenta-schenteil um, indem Sie es am oberen Rand der Nahtzugabe in Richtung der **linken** Seite falten. Richten Sie die Unterkanten der Seitentasche und ihrem Futter aneinander aus und lassen Sie dabei 1,3 cm Futter nach oben überstehen. Bügeln Sie die Teile und stecken Sie diese fest. Dann heften Sie mit der Maschine 0,6 cm von der Kante entfernt beide Seiten und den unteren Rand zu.

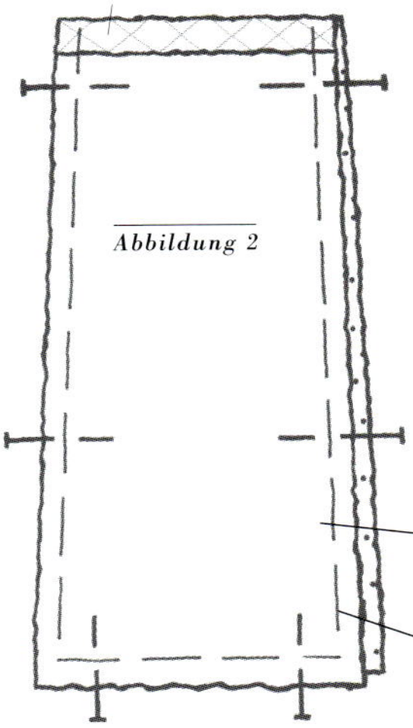

c. Legen Sie das Futter der Seitentasche auf die **rechte** Seite des ersten Oberstoff-Seitenteils, sodass die Seiten- und Unterkanten deckend liegen. Stecken Sie sie fest und heften Sie mit der Maschine 0,6 cm vom Rand entfernt Seiten und Boden der Tasche fest.

rechte Seite des Seitentaschenfutters

Abbildung 2

Klappen Sie das Futter um das Seitentaschenteil um, indem Sie am oberen Rand der Nahtzugabe in Richtung der **linken** Seiten umschlagen. Legen Sie die Unterkanten der Tasche und ihres Futters zusammen und lassen Sie dabei 1,3 cm Futter nach oben überstehen.

rechte Seite des Teils für die Seitentasche

Heften Sie mit der Maschi-ne 0,6 cm von der Kante entfernt beide Seiten und den unteren Rand.

d. Wiederholen Sie Schritt 7a bis 7c, um die zweite Seitentasche am zweiten Seitenteil anzubringen.

---

8   ZUSAMMENFÜGEN DER OBERSTOFF-SEITEN- UND HAUPTTEILE

a. Legen Sie das erste Hauptteil mit den Seitenteilen **rechts** auf **rechts** zusammen, sodass die seit-lichen Längskanten aufeinanderliegen, und stecken Sie diese fest. Nähen Sie von oben ausgehend steppfußbreit nach unten und stoppen Sie 1,3 cm vor der Unterkante. Vernähen Sie die Enden.

b. Schneiden Sie die Nahtzugabe der abgerundeten Ecken alle 1–2 cm ein, damit der Saum flach liegt, wenn Sie die Tasche auf **rechts** gewendet haben. Passen Sie auf, dass Sie die Naht nicht einschneiden.

c. Wiederholen Sie Schritt 8a und 8b für das zweite Seitenteil, das an der gegenüberliegenden Seite am Hauptteil befestigt wird.

d. Wiederholen Sie Schritt 8a bis 8c, um das zweite Hauptteil auf der gegenüberliegenden Seite an den beiden Seitenteilen zu befestigen.

e. Bügeln Sie alle Nahtzugaben auseinander.

9 DAS BODENTEIL ANBRINGEN

a. Stecken Sie eine Längskante des Oberstoff-Bodenteils mit der **rechten** Seite so auf die Unterkante eines Hauptteils, dass die ungesäumten Kanten aufeinander liegen.

b. Nähen Sie steppfußbreit entlang der festgesteckten Kante. Die Naht soll 1,3 cm vor dem jeweiligen Ende des Bodenteils aufhören. Vernähen Sie die Enden.

c. Wenden Sie das Hauptteil an einer der offenen Seiten. Legen Sie die Unterkante des Seitenteils auf die kürzere Kante des Bodenteils und stecken Sie diese fest. Wiederholen Sie Schritt 9b und nähen Sie beides zusammen.

d. Wiederholen Sie Schritt 9c, um das Teil an den anderen Ecken zu wenden und die Hauptteile an den langen Seiten des Bodenteils und der anderen kurzen Seite festzunähen.

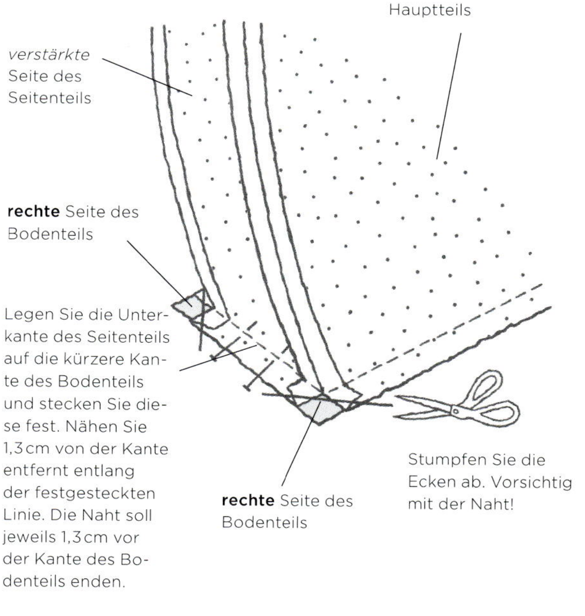

e. Stumpfen Sie die Ecken ab. Vorsicht mit den Nähten!

f. Wenden Sie die Tasche auf **rechts**. Verwenden Sie ein Wendewerkzeug*, um die Ecken nach außen zu stülpen. Dann bügeln Sie alles.

Abbildung 3

verstärkte Seite des Hauptteils

verstärkte Seite des Seitenteils

rechte Seite des Bodenteils

Legen Sie die Unterkante des Seitenteils auf die kürzere Kante des Bodenteils und stecken Sie diese fest. Nähen Sie 1,3 cm von der Kante entfernt entlang der festgesteckten Linie. Die Naht soll jeweils 1,3 cm vor der Kante des Bodenteils enden.

rechte Seite des Bodenteils

Stumpfen Sie die Ecken ab. Vorsichtig mit der Naht!

10 DIE EINSTECKTASCHEN ANFERTIGEN UND AM INNENFUTTER ANBRINGEN

a. Legen Sie ein Einstecktaschenteil mit und eines ohne Einlage mit den **rechten** Seiten aufeinander. Stecken Sie beide am oberen Rand zusammen und steppen Sie dann 1,3 cm von der Kante entfernt. Die Enden vernähen.

b. Wenden Sie Taschenteile auf **rechts** und bügeln Sie die obere Kante.

c. Steppen Sie 1,3 cm vom oberen Rand entfernt ab und vernähen Sie die Enden.

d. Legen Sie die Seitenränder und die Unterkante aufeinander. Stecken Sie sie fest und heften Sie seitlich und unten, damit alles an Ort und Stelle bleibt.

e. Legen Sie die Einstecktasche so auf die **rechte** Seite des ersten Futterteils, dass Unter- und Seitenkanten bündig sind. Stecken Sie sie erst fest, dann heften Sie seitlich und unten mit 0,6 cm Abstand zum Rand.

f. Falten Sie die Tasche und das Futter längs und bügeln Sie vorsichtig einen Falz. Fangen Sie am Boden der Tasche an und nähen Sie entlang des Mittefalzes, um die Einstecktasche in zwei Hälften zu unterteilen. Vernähen Sie die Enden.

g. Wiederholen Sie Schritt 10a bis 10f, um die andere Einstecktasche zu nähen und sie auf dem zweiten Futterteil anzubringen.

---

11 DAS INNENFUTTER NÄHEN

a. Wiederholen Sie Schritt 6a bis 6j und bringen Sie so die Henkel an beiden Seiten des Futters an.

b. Wiederholen Sie Schritt 8e und 9a bis 9e, um Seiten- und Bodenteile am Futter anzubringen.

---

12 DIE SCHLINGE FÜR DEN KNOPF MACHEN UND AM OBERSTOFFTEIL ANBRINGEN

a. Falten Sie das Teil für die Schlinge längs in der Mitte, sodass die **linken** Seiten aufeinander zu liegen kommen. Bügeln Sie den Falz.

b. Öffnen Sie den Streifen. Falten Sie die langen Enden so nach innen, dass sie an die Bügelfalte grenzen. Dann bügeln Sie sie fest.

c. Falten Sie den Streifen erneut längs in der Mitte, sodass die ungesäumten Kanten innen zu liegen kommen. Bügeln Sie wieder.

d. Mit Kantenstich* nähen Sie entlang der langen Seiten. Vernähen Sie die Enden.

e. Falten Sie die Schlinge in der Mitte und legen Sie die kürzeren Enden aufeinander. Dann schieben Sie das oben liegende Ende auf die Seite, sodass die genähten Seitenkanten nebeneinanderliegen. Lassen Sie die langen Seiten 0,3 cm überlappen und stecken Sie sie aneinander fest (siehe Abbildung 4 auf S. 29).

f. Messen Sie 7 cm vom ungesäumten Ende der Schlinge ab und markieren Sie die Entfernung an den sich überlappenden Kanten. Nähen Sie mit Kantenstich bis zur Markierung und vernähen Sie die Enden.

g. Falten Sie die Spitze der Schlinge zu einem Dreieck und bügeln Sie es flach. Nähen Sie mit Kantenstich entlang der Unterseite des Dreiecks und vernähen Sie die Enden.

h. Nähen Sie mit großer Stichlänge und geringer Fadenspannung über die ungesäumten Enden der Schlinge. Ziehen Sie am Faden, um die Enden auf eine Breite von 3,8 cm zu raffen*. Stechen Sie auf beiden Seiten eine Stecknadel in den Stoff, um die Sie den Faden in Achtern wickeln. Auf diese Weise wird die Raffung fixiert.

i. Legen Sie die Schlinge mittig auf einen der Blendenstreifen, die **rechten** Stoffseiten aufeinander und die Kanten bündig. Stecken Sie die Schlinge fest und heften Sie sie dann mit der Maschine.

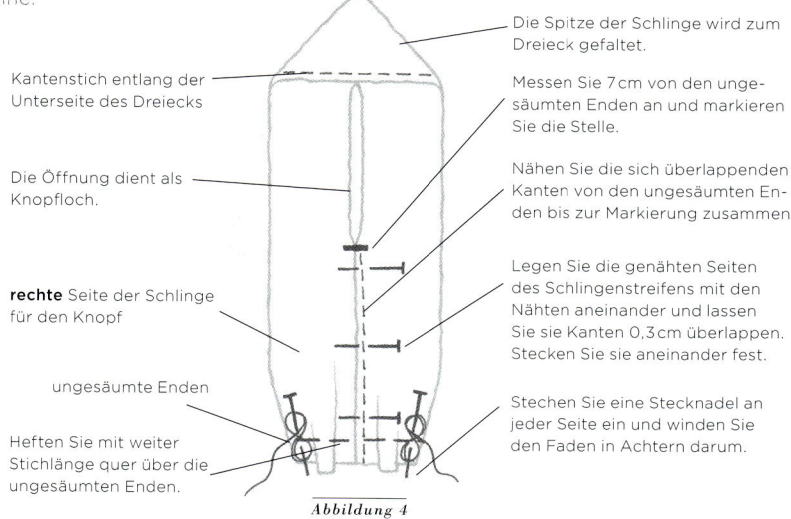

Die Spitze der Schlinge wird zum Dreieck gefaltet.

Kantenstich entlang der Unterseite des Dreiecks

Die Öffnung dient als Knopfloch.

Messen Sie 7 cm von den ungesäumten Enden an und markieren Sie die Stelle.

Nähen Sie die sich überlappenden Kanten von den ungesäumten Enden bis zur Markierung zusammen.

rechte Seite der Schlinge für den Knopf

Legen Sie die genähten Seiten des Schlingenstreifens mit den Nähten aneinander und lassen Sie sie Kanten 0,3 cm überlappen. Stecken Sie sie aneinander fest.

ungesäumte Enden

Heften Sie mit weiter Stichlänge quer über die ungesäumten Enden.

Stechen Sie eine Stecknadel an jeder Seite ein und winden Sie den Faden in Achtern darum.

Abbildung 4

13 AUSSENSEITE UND FUTTER VERBINDEN

a. Mit dem Oberstoffteil auf **rechts** und dem Futter auf **links** ziehen Sie das Futter über die Oberstofftasche. Stecken Sie die Teile an den Henkeln und an den Oberkanten der Seitenteile zusammen; lassen Sie zwischen den Henkeln eine Wendeöffnung. Die abgesteckten Kanten nähen Sie alle steppfußbreit (1,3 cm) vom Rand zusammen und vernähen die Enden.

b. Schneiden Sie die Nahtzugabe in den abgerundeten Ecken alle 1–2 cm ein. Vorsicht, die Nähte nicht versehentlich einschneiden!

c. Wenden Sie die Taschen durch eine der Öffnungen auf der Innenseite der Griffe auf **rechts**. Schieben Sie das Futter ins Innere der Tasche und bügeln Sie.

d. Legen Sie den Oberstoff und das Futter auf der Innenseite des ersten Henkels aufeinander und stecken Sie beides fest. Nähen Sie die aufeinanderliegenden Kanten knappkantig zusammen. Vernähen Sie die Enden. Wiederholen Sie diesen Schritt beim zweiten Henkel auf der Taschenrückseite. Zuvor ziehen Sie aber die Schlinge für den Knopf heraus.

e. Steppen Sie die Außenkanten der Seitenteile knappkantig. Vernähen Sie die Enden.

14 DEN KNOPF ÜBERZIEHEN UND VORN AUF DER TASCHE BEFESTIGEN

a. Befolgen Sie die Anweisungen des Herstellers zum Überziehen des Knopfs.

b. Messen Sie auf der Vorderseite der Tasche 6,4 cm von der oberen Kante in der Mitte nach unten und machen Sie eine Markierung. Legen Sie den Knopf an diese Stelle und nähen Sie ihn fest.

Ihre Tasche ist fertig! Nehmen Sie Ihre Weltenbummlertasche mit an den Strand, mit zum Markt oder führen Sie sie in der Stadt aus.

2

Shopper zum Wenden

Man kann sie wenden! Ich präsentiere Ihnen einen einfachen Shopper mit astreinen Details: verstärkte, tragefreundliche Henkel und große robuste Taschen – eine innen, eine außen –, die ihre Position wechseln, wenn die Tasche gewendet wird. Zeigen Sie Ihr Talent für umwerfende Stoffkombinationen und sparen Sie sich die Plastiktüten im Laden. Keine lahmen Jutebeutel mehr!

GRÖSSE	40,4 cm (Boden)/33 cm (oben) x 48,3 cm (ohne Henkel), 14 cm tief

- -

STOFFE

Aus 140 cm breitem mittelschwerem Heimdekorstoff

- 70 cm bedruckter Stoff für die Außenseite

- 150 cm eines passenden Stoffs für die Wendeseite, die Taschen und die Henkel

- -

ZUSÄTZLICHE MATERIALIEN

- 285 cm von 90 cm breiter fixierbarer Gewebeeinlage

- 30 cm von 90 cm breitem Volumenvlies

- 1 Rolle passendes Allzweckgarn

- Schnittmusterbogen 6 und 7

Siehe Grundausstattung an Werkzeugen, die Sie für jedes Projekt brauchen (S. 14).

1 DIE SCHNITTMUSTERTEILE ZUSCHNEIDEN

Schneiden Sie folgende Teile anhand der Schnittmusterbogen 6 und 7 zu:

- Hauptteil/Einstecktasche
- Seitenteil

2 ALLE STOFFTEILE AUSSCHNEIDEN

Aus bedrucktem Oberstoff

a. Legen Sie den Stoff in einer Lage und mit der **rechten** Seite nach unten vor sich. Falten Sie jede Webkante* auf die **linke** Seite 22,9 cm nach innen und bügeln Sie die Falze.

- 2 Hauptteile an der Bruchkante*

Klappen Sie erneut jede Kante 10,2 cm nach innen und bügeln Sie einen Falz.

- 2 Seitenteile an der Bruchkante

b. Falten Sie den Stoff auf. Übertragen Sie die Abmessungen mit Lineal und Markierstift direkt auf eine einzelne Stofflage auf der **rechten** Seite. Schneiden Sie entlang der Markierungen.

- 1 Bodenteil: 16,5 x 43,2 cm.

Aus passenden Stoff

c. Legen Sie den Stoff einlagig mit der **rechten** Seite nach unten vor sich. Falten Sie jede Webkante* auf der **linken** Seite 22,9 cm nach innen und bügeln Sie entlang der Bruchkanten behutsam einen Falz.

- 2 Hauptteile an der Bruchkante
- Für die Einstecktaschen werden 4 Hauptteile an der Bruchkante ausgeschnitten. (Falten Sie das Schnittmuster an der gestrichelten Linie zurück.) Falten Sie erneut jede Stoffkante 10,2 cm ein und bügeln Sie.
- 2 Seitenteile an der Bruchkante

d. Schlagen Sie den Stoff auf. Übertragen Sie die Abmessungen mit Lineal und Markierstift direkt auf eine einzelne Stofflage auf der **rechten** Seite.Dann schneiden Sie entlang der Linien.

- 2 Henkel: 17,9 x 58,4 cm
- 1 Bodenteil: 16,5 x 43,2 cm

Aus Gewebeeinlage

e. Verwenden Sie die bereits ausgeschnittenen Teile als Schnittmuster in Originalgröße und schneiden Sie die Gewebeeinlage zurecht.

- 4 Hauptteile
- 4 Seitenteile
- 4 Teile für die Einstecktaschen
- 2 Bodenteile
- 2 Henkel

Aus Volumenvlies

f. Übertragen Sie die Abmessungen mit Lineal und Markierstift direkt auf die **rechte** Seite des Vlies. Dann schneiden Sie entlang der angezeichneten Linien.

- 1 Einsatz für das Bodenteil: 14 x 40,6 cm
- 2 Einsätze für die Henkel: 4,1 x 58,4 cm

3   DIE GEWEBEEINLAGE UND DAS VOLUMENVLIES ANBRINGEN

Siehe Seite 182 für Tipps zum Anbringen von Bügeleinlagen und Volumenvlies.

a. Legen Sie die **linke** Seite des ersten Oberstoff-Hauptteils auf die beschichtete Seite der entsprechenden Einlage. Bügeln Sie die Einlage mithilfe eines angefeuchteten Bügeltuchs fest. Wenden Sie das Teil und bügeln Sie. Achten Sie darauf, dass sich keine Fältchen bilden.

b. Wiederholen Sie Schritt 3a, um das passende Stück Gewebeeinlage mit dem zweiten Hauptteil, beiden wendbaren Hauptteilen, allen Seitenteilen, allen Taschenteilen, beiden Henkeln und dem wendbaren Bodenteil zu verbinden.

c. Legen Sie die beschichtete Seite des Volumenvliesteils für den Boden auf die **rechte** Seite des Oberstoffteils für den Boden. Der Stoff wird an allen Außenrändern 1,3 cm überstehen. Legen Sie die beschichtete Seite der Gewebeeinlage auf das Volumenvlies und bügeln Sie diese auf die **linke** Seite des Bodenteils. Die Ränder werden versiegelt und das Volumenvlies so eingeschlossen. Drehen Sie das Teil um und bügeln Sie erneut, damit keine Fältchen entstehen.

4   DIE EINSTECKTASCHE ANFERTIGEN UND BEFESTIGEN

a. Legen Sie die 2 Teile für die Tasche mit der **rechten** Seite aufeinander, sodass die Ränder miteinander abschließen. Stecken Sie die oberen Ränder fest. Steppen Sie 1,3 cm vom Rand entfernt über die festgesteckte Kante. Vernähen Sie die Enden.

b. Drehen Sie die Taschenteile auf **rechts** und bügeln Sie die Oberkante.

c. Steppen Sie an der Oberkante 0,6 cm von der Kante entfernt ab und vernähen Sie die Enden.

d. Legen Sie die Seiten- und Unterkanten deckungsgleich aufeinander. Stecken Sie diese fest und heften Sie an den Seiten- und der Unterkante 0,6 cm vom Rand entfernt zum Fixieren.

e. Legen Sie die Tasche auf die **rechte** Seite eines der Oberstoff-Hauptteile, sodass die Seiten- und Unterkanten aufeinanderliegen. Stecken Sie alles fest und heften Sie dann 0,6 cm vom Rand entfernt die Einstecktasche.

5   DIE SEITENTEILE AN DEN HAUPTTEILEN ANBRINGEN

a. Legen Sie ein Seitenteil und ein Hauptteil mit den **rechten** Seiten aufeinander, sodass die langen Kanten aufeinanderliegen. Stellen Sie sicher, dass das breite Ende des Seitenteils an der Unterkante des Hauptteils zu liegen kommt. Stecken Sie alles fest. Nähen Sie steppfußbreit entlang der festgesteckten Kanten. Fangen Sie oben an und nähen Sie nach unten; hören Sie 1,3 cm vor der Unterkante auf zu nähen und vernähen Sie die Enden.

b. Wiederholen Sie Schritt 5a, um das zweite Seitenteil an der gegenüberliegenden Seite des Hauptteils anzubringen.

c. Wiederholen Sie Schritt 5a und 5b, um das zweite Hauptteil an den gegenüberliegenden langen Kanten der Seitenteile anzubringen.

d. Bügeln Sie die Nahtzugabe auseinander.

6

DAS BODENTEIL BEFESTIGEN

a. Legen Sie eine lange Kante des Oberstoff-Bodenteils **rechts** auf **rechts** mit der Unterkante des Hauptteils zusammen. Richten Sie die ungesäumten Kanten aneinander aus. Stecken Sie die Teile an den Rändern fest.

b. Nähen Sie 1,3 cm vom Rand entfernt am festgesteckten Saum, Anfang und Ende jeweils 1,3 cm von den Kanten des Bodenteils entfernt. Vernähen Sie die Enden.

c. Wiederholen Sie Schritt 6a und 6b, um das zweite Hauptteil mit der anderen langen Seite des Bodenteils zu verbinden.

d. Wenden Sie die Tasche an den unteren Ecken. Mit den **rechten** Seiten aufeinander, richten Sie die Unterkante des ersten Seitenteils und das erste kürzere Ende des Bodenteils aneinander aus. Stecken Sie die Kanten fest.

e. Steppen Sie die festgesteckte Kante steppfußbreit, Anfang und Ende der Naht 1,3 cm von den Kanten entfernt. Vernähen Sie die Enden.

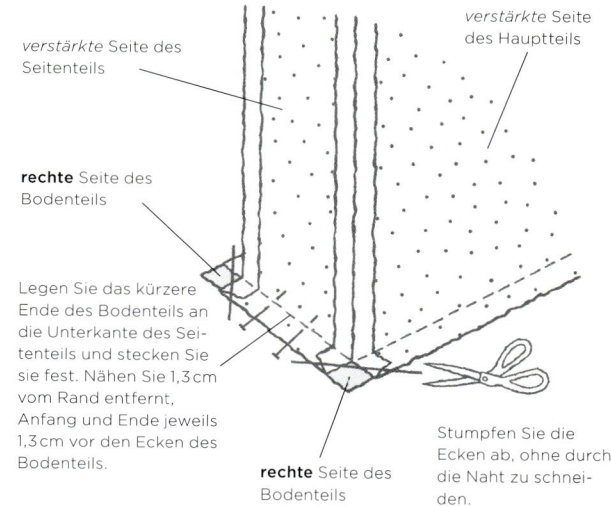

verstärkte Seite des Seitenteils

verstärkte Seite des Hauptteils

rechte Seite des Bodenteils

Legen Sie das kürzere Ende des Bodenteils an die Unterkante des Seitenteils und stecken Sie sie fest. Nähen Sie 1,3 cm vom Rand entfernt, Anfang und Ende jeweils 1,3 cm vor den Ecken des Bodenteils.

rechte Seite des Bodenteils

Stumpfen Sie die Ecken ab, ohne durch die Naht zu schneiden.

Abbildung 1

f. Wiederholen Sie Schritt 6d und 6e, sodass die Unterkante des zweiten Seitenteils mit dem anderen kurzen Ende des Bodenteils verbunden wird.

g. Stumpfen Sie die Ecken ab, ohne durch die Naht zu schneiden.

h. Drehen Sie das Äußere der Tasche auf **rechts**. Verwenden Sie das Wendewerkzeug*, um die Ecken auszustülpen. Dann bügeln Sie.

7

DIE WENDBARE SEITE DES SHOPPERS NÄHEN

Wiederholen Sie Schritt 4 bis 6, um die wendbare Seite Ihrer Tasche zu nähen; lassen Sie die **linke** Seite außen.

8

DIE HENKEL ANFERTIGEN UND AM OBERSTOFFTEIL ANBRINGEN

a. Falten Sie den ersten Henkel der Länge nach mit den **linken** Seiten aufeinander. Bügeln Sie an der Bruchkante einen Falz.

b. Klappen Sie den Henkel auf. Schlagen Sie die langen Seiten so nach innen, dass sie in der Mitte aufeinandertreffen, und bügeln Sie. Schieben Sie das Volumenvlies mit der beschichteten Seite nach unten unter eine der eingeschlagenen Kanten.

c. Falten Sie den Henkel erneut in der Mitte, um die ungesäumten Kanten einzuschließen. Stecken Sie fest. Steppen Sie 0,6 cm vom Rand entfernt entlang der gefalteten Seiten ab und vernähen Sie die Enden. Bügeln Sie, um das Volumenvlies zu fixieren.

d. Bestimmen Sie die Mitte des Griffs, indem Sie ihn in der Mitte falten und die kürzeren Enden aufeinanderlegen. Bügeln Sie den Falz, um die Mitte zu markieren. Messen Sie 3,8 cm auf jeder Seite des Mittelfalzes ab und markieren Sie die Stellen.

e. Falten Sie die Längsseiten zwischen den beiden Markierungen aufeinander und stecken Sie sie fest.

Falten Sie den Henkel so, dass die langen Falze aufeinander zu liegen kommen, und stecken Sie fest. Nähen Sie entlang der bestehenden Naht zwischen die beiden Markierungen.

rechte Seite des Griffs

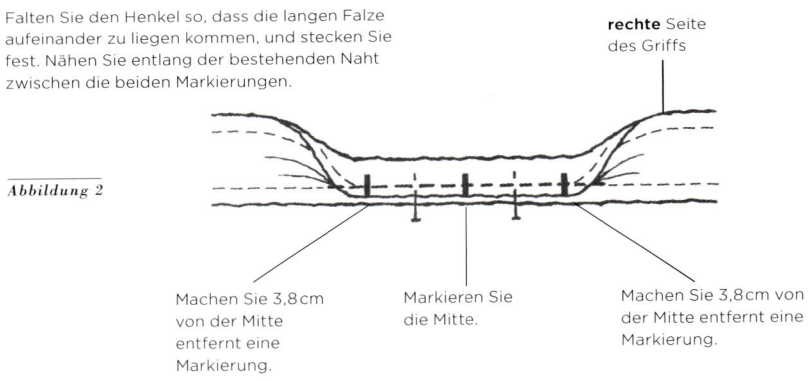

Abbildung 2

Machen Sie 3,8 cm von der Mitte entfernt eine Markierung.

Markieren Sie die Mitte.

Machen Sie 3,8 cm von der Mitte entfernt eine Markierung.

f. Steppen Sie entlang der bestehenden Naht zwischen beiden Markierungen. Vernähen Sie die Enden. *Sie nähen durch alle Stofflagen des Henkels hindurch. Es entsteht eine 7,6 cm lange Stelle, die schmaler ist als der Rest des Griffs.*

g. Wiederholen Sie Schritt 8a bis 8f, um den zweiten Henkel anzufertigen.

Den Platz für die Henkel anzeichnen

h. Markieren Sie auf dem ersten Oberstoff-Hauptteil von beiden seitlichen Rändern 3,8 cm. Wiederholen Sie diesen Schritt für das zweite Oberstoff-Hauptteil.

i. Richten Sie ein kurzes Ende des Henkels **rechts** auf **rechts** an der Markierung aus, sodass das Henkelende und die Oberkante des Hauptteils aufeinanderliegen. Stecken Sie fest und steppen Sie dann 0,6 cm vom Rand entfernt ab, um den Henkel zu fixieren.

j. Legen Sie die andere kurze Kante des ersten Henkels innen an die zweite Markierung, ebenfalls mit dem Ende des Henkels am oberen Rand des Hauptteils. Vorsicht, dass Sie sie nicht verdrehen! Stecken Sie fest und befestigen Sie den Henkel mit einer 0,6 cm vom Rand entfernten Naht.

k. Wiederholen Sie Schritt 8i und 8j, um den zweiten Henkel am zweiten Oberstoff-Hauptteil zu befestigen.

---

9   DIE AUSSEN- UND DIE WENDESEITE ANEINANDER BEFESTIGEN UND DIE TASCHE FERTIGSTELLEN

Gehen Sie sicher, dass die äußere Einstecktasche und die auf dem wendbaren Innenteil sich auf gegenüberliegenden Seiten der Tasche befinden.

a. Mit der Außenseite auf **rechts** und dem wendbaren Teil auf **links**, ziehen Sie die Einstecktasche über das Oberstoffteil und stecken die Henkel zwischen die beiden Stofflagen.

b. Legen Sie die Oberkanten und alle Nähte aufeinander. Stecken Sie an den Oberkanten fest.

c. Nähen Sie steppfußbreit um den oberen Rand der Tasche herum. Lassen Sie dabei die Kante zwischen zwei Griffen auf einer Seite frei, damit Sie die Tasche später auf **rechts** wenden können. Vernähen Sie die Enden.

d. Wenden Sie die Tasche auf **rechts**, indem Sie das Oberstoffteil und das wendbare Futter durch die Öffnung zwischen den Griffen ziehen. Stecken Sie den wendbaren Teil in das Innere der Tasche.

e. Falten Sie jede Seite der Öffnung 1,3 cm auf die **linke** Seite ein und bügeln Sie. Stecken Sie die Kanten zusammen.

f. Steppen Sie 0,6 cm von der Oberkante entfernt einmal rund um die Tasche ab, um die Öffnung zu verschließen und der Tasche ihren letzten Schliff zu geben.

Ihre Tasche ist fertig! Sagen Sie Lebewohl zu tristen und unschönen Einkaufstaschen und Tonnen von Plastiktüten. Auf zum Einkaufen, zeigen Sie Ihren Shopper! Lust auf etwas anderes? Wenden Sie die Tasche!

3

Origami-Taschenset

Diese Universalgenies fassen alles, was Sie hineinstecken. Sie sind verspielt und praktisch zugleich und im Handumdrehen genäht. Ich habe sechs Größen vorgesehen, von denen Sie sich eine passende aussuchen können, aber Sie können auch gerne alle machen! Diese hübschen kleinen Mäppchen eignen sich im Set hervorragend als Geschenk. Man kann sie als Organisationstalent in einer größeren Tasche verstauen. Ob Sie eine Tasche für Ihre Reise, für Ihr Werkzeug, Ihre Handarbeitssachen oder Krimskrams brauchen, dieser Schnitt taugt für alles.

GRÖSSEN

Extraklein
22,9 cm (oben)/16,5 cm (unten) x 7 cm, 6,4 cm tief

Mini
26,7 cm (oben)/18,5 cm (unten) x 8,3 cm, 7,6 cm tief

Klein
31,8 cm (oben)/21,6 cm (unten) x 10,2 cm, 8,9 cm tief

Mittel
35,6 cm (oben)/24,3 cm (unten) x 12,7 cm, 10,2 cm tief

Groß
41,9 cm (oben)/30,5 cm (unten) x 16,5 cm, 11,6 cm tief

Extragroß
44,5 cm (oben)/31,8 cm (unten) x 18,5 cm, 12,7 cm tief

STOFFE

Aus 140 cm breitem mittelschwerem Heimdekorstoff

Die folgenden Angaben beziehen sich auf die Anfertigung aller 6 Taschen.

- 35 cm eines Musters für die Oberstoffteile der Größen *extraklein*, *klein* und *groß*

- 35 cm eines passenden Stoffs für die Oberstoffteile der Größen *extraklein*, *klein* und *groß*

- 35 cm eines zweiten bedruckten Stoffs für die Oberstoffteile der Größen *mini*, *mittel* und *extragroß*

- 35 cm eines zweiten passenden Stoffs für die Größen *mini*, *mittel* und *extragroß*

- 80 cm eines dritten passenden Stoffs für das Innenfutter

ZUSÄTZLICHE MATERIALIEN

- 125 cm von 90 cm breiter fixierbarer Gewebeeinlage

- 2 passende Reißverschlüsse der Länge 30,5 cm: einen für die extrakleine und einen für die Mini-Tasche

- 2 passende Reißverschlüsse der Länge 40,6 cm: einen für die kleine und einen für die mittlere Tasche

- 2 passende Reißverschlüsse der Länge 45,7 cm: einen für die große und einen für die extragroße Tasche

- 1 Spule passendes Allzweckgarn

Siehe Grundausstattung Werkzeug, das Sie für jedes Projekt brauchen (S. 14).

WERKZEUGE

- Kreppband

- Markierstift

- Reißverschlussfuß für Ihre Nähmaschine

Die folgende Anleitung gilt für alle Taschenvarianten. Änderungen in den Abmessungen sind bei den jeweiligen Schritten vermerkt.

---

1   ALLE STOFFTEILE AUSSCHNEIDEN

Tipp: Mit dem Markierstift schreiben Sie die jeweilige Taschengröße und um welches Teil es sich handelt auf ein Stück Kreppband und befestigen es auf dem betreffenden Zuschnitt. So kommen Sie nicht durcheinander.

a. Übertragen Sie die Abmessungen mit Lineal und Markierstift direkt auf die **rechte** Seite des einfach liegenden Stoffs. Schneiden Sie dann entlang der Linien.

Aus dem ersten bedruckten Oberstoff

Für die extrakleine Tasche: 2 Teile A, 17,9 x 12,7 cm

Für die kleine Tasche: 2 Teile A, 22,9 x 16,5 cm

Für die große Tasche: 2 Teile A, 27,9 x 24,1 cm

Aus dem ersten passenden Oberstoff

Für die extrakleine Tasche: 2 Teile B, 10,2 x 12,7 cm sowie eine Schlaufe: 6,4 x 5,1 cm

Für die kleine Tasche: 2 Teile B, 14 x 16,5 cm sowie eine Schlaufe: 6,4 x 6,4 cm

Für die große Tasche: 2 Teile B, 17,9 x 24,1 cm sowie eine Schlaufe: 6,4 x 7,6 cm

Aus dem zweiten bedruckten Oberstoff

Für die Minitasche: 2 Teile A, 20,3 x 14,6 cm

Für die mittlere Tasche: 2 Teile A, 25,4 x 20,3 cm

Für die extragroße Tasche: 2 Teile A, 30,5 x 27,3 cm

Aus dem zweiten passenden Oberstoff

Für die Minitasche: 2 Teile B, 11,4 x 14,6 cm sowie eine Schlaufe: 6,4 x 6,4 cm

Für die mittlere Tasche: 2 Teile B, 15,2 x 20,3 cm sowie eine Schlaufe: 6,4 x 7,6 cm

Für die extragroße Tasche: 2 Teile B, 19,1 x 27,3 cm sowie eine Schlaufe: 6,4 x 7,6 cm

Aus Futterstoff

Für die extrakleine Tasche: 2 Teile: 25,4 x 12,7 cm

Für die Mini-Tasche: 2 Teile: 29,2 x 14,6 cm

Für die kleine Tasche: 2 Teile: 34,3 x 16,5 cm

Für die mittlere Tasche: 2 Teile: 38,1 x 20,3 cm

Für die große Tasche: 2 Teile: 44,5 x 24,1 cm

Für die extragroße Tasche: 2 Teile: 47 x 27,3 cm

Aus Gewebeeinlage

Für die extrakleine Tasche: 2 Teile A, 17,9 x 12,7 cm sowie 2 Teile B, 10,2 x 12,7 cm

Für die Mini-Tasche: 2 Teile A, 20,3 x 14,6 cm sowie 2 Teile B, 11,4 x 14,6 cm

Für die kleine Tasche: 2 Teile A, 22,9 x 16,5 cm sowie 2 Teile B, 14 x 16,5 cm

Für die mittlere Tasche: 2 Teile A, 25,4 x 20,3 cm sowie 2 Teile B, 15,2 x 20,3 cm

Für die große Tasche: 2 Teile A, 27,9 x 24,1 cm sowie 2 Teile B, 17,9 x 24,1 cm

Für die extragroße Tasche: 2 Teile A, 30,5 x 27,3 cm sowie 2 Teile B, 19,1 x 27,3 cm

---

2 ANBRINGEN DER GEWEBEEINLAGE

Siehe Seite 182 für Tipps zum Anbringen von Bügeleinlagen und Volumenvlies.

a. Legen Sie die **linke** Seite des jeweiligen A- und B-Oberstoffteils auf die beschichtete Seite der dazugehörigen Gewebeeinlage. Mit einem Bügeltuch* bringen Sie die Gewebeeinlage an. Wenden Sie die Teile und bügeln Sie sie erneut, damit keine Fältchen entstehen.

3 DIE TEILE A UND B VERBINDEN

Wenn Sie ein Muster mit Laufrichtung verwenden, legen Sie sich die Teile zurecht, damit das Muster auf beiden Seiten der Tasche in die gleiche Richtung verläuft. Legen Sie Teil A und B für die eine Seite direkt nebeneinander und Teil B und Teil A für die andere.

a. Legen Sie ein A- und ein B-Teil mit ihren **rechten** Seiten aufeinander, sodass die folgenden Kantenlängen der jeweiligen Taschengröße aufeinanderliegen.

• **extraklein:** Kanten mit 12,7 cm

• **mini:** Kanten mit 14,6 cm

• **klein:** Kanten mit 16,5 cm

• **mittel:** Kanten mit 20,3 cm

• **groß:** Kanten mit 24,1 cm

• **extragroß:** Kanten mit 27,3 cm

b. Stecken Sie die aufeinanderliegenden Ränder fest. Nähen Sie mit einem Abstand von 1,3 cm entlang der festgesteckten Ränder. Vernähen Sie die Enden. Bügeln Sie die Nahtzugabe* auf.

c. Steppen Sie auf der **rechten** Seite der Teile 0,6 cm von jeder Kante entfernt ab.

d. Wiederholen Sie Schritt 3a bis 3c, um die zweiten A- und B-Teile aneinander zu befestigen. Die verbundenen A/B-Teile werden fortan als Oberstoffteil bezeichnet.

- -

4 DEN REISSVERSCHLUSS BEFESTIGEN

a. Legen Sie den Reißverschluss mit der Oberseite nach unten so auf die **rechte** Seite des ersten Oberstoffteils, dass der Reißverschlussgriff 1,3 cm von der ungesäumten Kante des Teils A entfernt liegt. Richten Sie die Längsseite des Reißverschlusses 0,6 cm unterhalb der Oberkante des Teils aus und stecken Sie ihn fest.

b. Nähen Sie mit dem Reißverschlussfuß Ihrer Nähmaschine 0,3 cm von den Reißverschlusszähnen entfernt, Anfang und Ende der Naht jeweils 1,3 cm innerhalb der Seitenkanten des Oberstoffteils. Vernähen Sie die Enden.

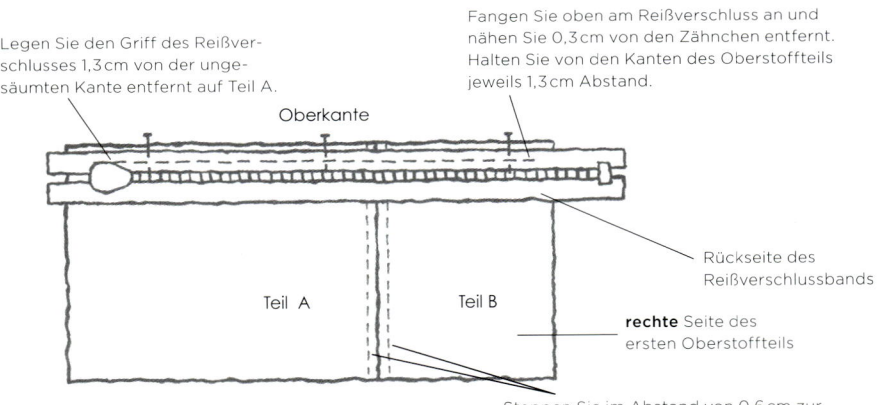

Legen Sie den Griff des Reißverschlusses 1,3 cm von der ungesäumten Kante entfernt auf Teil A.

Fangen Sie oben am Reißverschluss an und nähen Sie 0,3 cm von den Zähnchen entfernt. Halten Sie von den Kanten des Oberstoffteils jeweils 1,3 cm Abstand.

Oberkante

Teil A

Teil B

Rückseite des Reißverschlussbands

rechte Seite des ersten Oberstoffteils

Legen Sie den Reißverschluss mit der Oberseite nach unten so auf das Oberstoffteil, dass sich die lange Seite 0,6 cm unterhalb der Oberkante befindet.

Steppen Sie im Abstand von 0,6 cm zur Naht jeweils **rechts** und **links** ab (auf der rechten Seite des Oberstoffteils).

Abbildung 1

c. Legen Sie das erste Teil des Innenfutters **rechts** auf **rechts** auf das erste Oberstoffteil, sodass der Reißverschluss dazwischen liegt. Stecken Sie an den Oberkanten zusammen.

d. Steppen Sie auf der verstärkten Seite des Oberstoffteils über die Reißverschlussnaht, Anfang und Ende jeweils 1,3 cm innerhalb der Seitenkanten. Vernähen Sie die Enden.

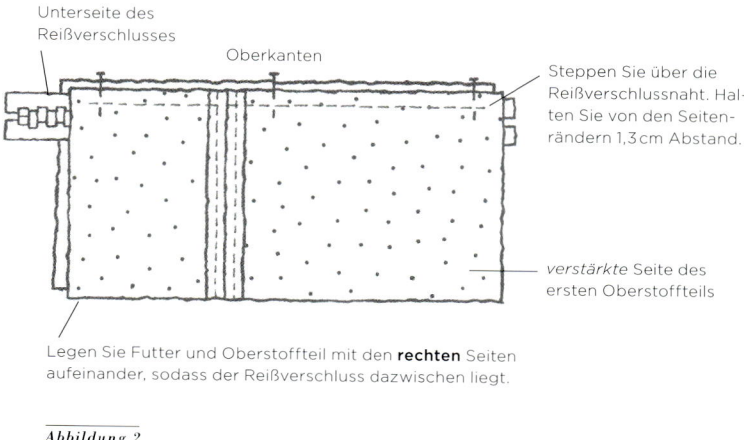

Unterseite des Reißverschlusses

Oberkanten

Steppen Sie über die Reißverschlussnaht. Halten Sie von den Seitenrändern 1,3 cm Abstand.

verstärkte Seite des ersten Oberstoffteils

Legen Sie Futter und Oberstoffteil mit den **rechten** Seiten aufeinander, sodass der Reißverschluss dazwischen liegt.

Abbildung 2

e. Schlagen Sie das Futter über den Reißverschluss um und legen Sie die **linken** Seiten von Futter und Oberstoffteil aufeinander. Stecken Sie beides zusammen. Bügeln Sie die Teile vom Reißverschluss weg und bügeln Sie 1,3 cm des ungesäumten Stoffs an jeder Seite unter.

f. Steppen Sie auf der **rechten** Seite des Oberstoffteils 0,6 cm unterhalb der Reißverschlussnaht ab, Anfang und Ende 1,3 cm von den Seitenkanten entfernt. Vernähen Sie die Enden.

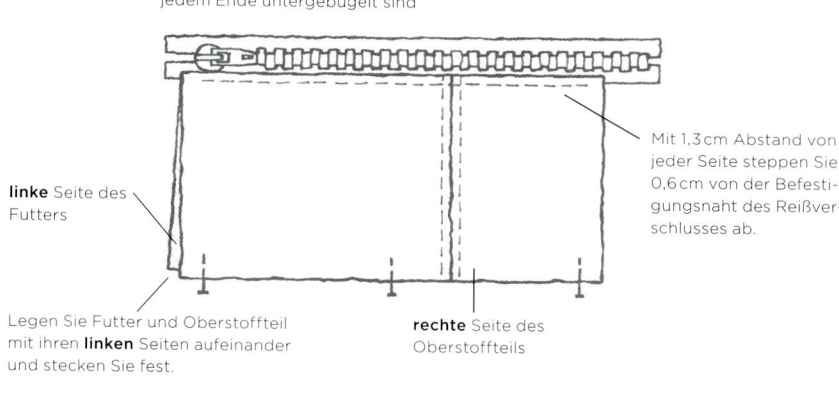

vordere Seite des Reißverschlusses, an dem die Teile von den Zähnchen weggebügelt und 1,3 cm des ungesäumten Stoffs an jedem Ende untergebügelt sind

Mit 1,3 cm Abstand von jeder Seite steppen Sie 0,6 cm von der Befestigungsnaht des Reißverschlusses ab.

linke Seite des Futters

Legen Sie Futter und Oberstoffteil mit ihren **linken** Seiten aufeinander und stecken Sie fest.

rechte Seite des Oberstoffteils

Abbildung 3

g. Wiederholen Sie Schritt 4a bis 4f, um das zweite Oberstoffteil und das Futter an der zweiten Seite des Reißverschlusses zu befestigen. Vorsicht, verdrehen Sie den Reißverschluss nicht! *Achten Sie bei den Oberstoffteilen darauf, die Nähte, die A und B verbinden, deckungsgleich auszurichten.*

h. Legen Sie die Taschenteile mit den Oberstoffteilen nach oben auf eine flache Unterlage, sodass die Oberstoffteile und das Futter vom Reißverschluss wegzeigen. Messen Sie entlang der Unterkante des Reißverschlusses von beiden Seiten 1,3 cm nach innen und markieren Sie diese Punkte auf den Zähnchen. Nähen Sie mit einem Riegelstich über die Markierungen, sodass ein neues Ende für den Reißverschluss entsteht.

i. Schneiden Sie den überstehenden Reißverschluss ab, aber lassen Sie 2,5 cm hinter dem neuen Ende überstehen. Ziehen Sie den Reißverschluss auf.

5 DIE SCHLAUFE ANFERTIGEN UND AN EINEM OBERSTOFF-HAUPTTEIL BEFESTIGEN

a. Falten Sie die Schlaufe längs in der Mitte, sodass die **linken** Seiten aufeinanderliegen, und bügeln Sie einen Falz.

b. Öffnen Sie die Schlaufe, falten Sie die Längskanten zum Mittelfalz ein und bügeln Sie.

c. Falten Sie die Schlaufe erneut am Falz und schließen Sie so die ungesäumten Ränder nach innen, dann bügeln Sie. Stecken Sie sie fest.

d. Steppen Sie mit Kantenstich* entlang der Seiten und vernähen Sie die Fadenenden.

e. Falten Sie die Schlaufe in der Mitte und stecken Sie die kurzen Enden aufeinander.

f. Messen Sie auf der **rechten** Seite eines der Oberstoffteile 2,5 cm an der Seitenkante nach unten, an der sich der Reißverschluss befindet; markieren Sie den Punkt.

g. Legen Sie die festgesteckten Ränder der Schlaufe unterhalb der Markierung auf die Seitenkante des Oberstoffteils und stecken Sie sie fest. Heften Sie die Schlinge 0,6 cm vom Rand entfernt an.

6 OBERSTOFFTEILE UND FUTTER ANEINANDER BEFESTIGEN

Lassen Sie den Reißverschluss in diesem Schritt zur Hälfte offen, damit Sie die Tasche wenden können.

a. Trennen Sie die Oberstoffteile vom Futter. Damit Ihnen das Futter beim Steppen der Oberstoffteile nicht im Weg ist, legen Sie die Futterteile **rechts** auf **rechts** mit den ungesäumten Kanten aneinander und stecken Sie sie fest. Falten Sie dann die offenen Kanten an der Oberkante der Futterteile nach innen zur Mitte hin und stecken Sie sie fest.

b. Legen Sie die Oberstoffteile mit ihren **rechten** Seiten aufeinander, die ungesäuberten und offenen Kanten aneinander ausgerichtet. Stecken Sie fest. Nähen Sie den Reißverschluss fest, indem Sie oben an den gefalteten Kanten anfangen und an den Seiten und der Unterkante des Reißverschlusses steppfußbreit entlangnähen. Vernähen Sie die Fadenenden.

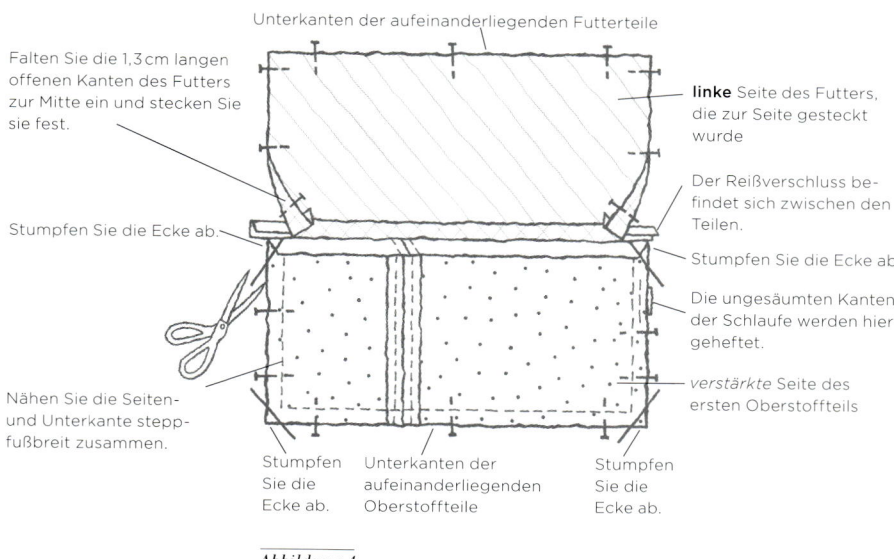

Unterkanten der aufeinanderliegenden Futterteile

Falten Sie die 1,3 cm langen offenen Kanten des Futters zur Mitte ein und stecken Sie sie fest.

linke Seite des Futters, die zur Seite gesteckt wurde

Der Reißverschluss befindet sich zwischen den Teilen.

Stumpfen Sie die Ecke ab.

Stumpfen Sie die Ecke ab.

Die ungesäumten Kanten der Schlaufe werden hier geheftet.

Nähen Sie die Seiten- und Unterkante steppfußbreit zusammen.

verstärkte Seite des ersten Oberstoffteils

Stumpfen Sie die Ecke ab.

Unterkanten der aufeinanderliegenden Oberstoffteile

Stumpfen Sie die Ecke ab.

Abbildung 4

c. Stumpfen Sie alle Ecken in der Nahtzugabe ab*, ohne die Nähte zu verletzen. Bügeln Sie die Nahtzugaben auseinander.

d. Nehmen Sie die Stecknadeln an beiden Seiten des Reißverschlusses aus den Futterteilen. Legen Sie die Kanten **rechts** aufeinander und stecken Sie fest. Sie fangen genau unter den Zähnchen an zu nähen und hören auch dort auf. Nähen Sie steppfußbreit entlang der Seiten und der Unterkante. Lassen Sie 10,2 cm in der Mitte der Unterkante offen, damit Sie die Tasche auf **rechts** drehen können. Vernähen Sie die Enden.

e. Wiederholen Sie Schritt 6c (Ecken abstumpfen) und bügeln Sie.

7 DIE ECKENKEILE MACHEN

a. Richten Sie die **rechten** Seiten der Oberstoffteile so aneinander aus, dass die Seiten- und Unterkanten in der Ecke ein Dreieck formen. Stecken Sie sie dann fest.

b. Messen Sie von der oberen Ecke des Dreiecks aus entlang der Seitenkanten und markieren Sie folgende Abmessungen für die jeweiligen Taschengrößen.

- **extraklein:** 3,2 cm
- **mini:** 3,8 cm
- **klein:** 4,4 cm
- **mittel:** 5,1 cm
- **groß:** 5,7 cm
- **extragroß:** 6,4 cm

c. Ziehen Sie zwischen den Markierungen eine gerade Linie und nähen Sie an dieser entlang. Die Fadenenden vernähen Sie.

d. Kürzen Sie die Nahtzugabe in den Ecken auf 1,3 cm.

e. Wiederholen Sie Schritt 7a bis 7d, um den Eckenkeil an der anderen Seite des Oberstoffteils anzufertigen.

f. Wiederholen Sie Schritt 7a bis 7e, um die Eckenkeile in den beiden Ecken des Futters anzulegen.

8 DIE TASCHE FERTIGSTELLEN

a. Wenden Sie die Tasche durch die Öffnung im Futter des Bodens auf **rechts**.

b. Schlagen Sie beide Kanten der Öffnung 1,3 cm nach **links** ein und bügeln Sie. Stecken Sie die Kanten fest und schließen Sie die Öffnung mit Kantenstich. Schieben Sie das Futter in das Innere der Tasche. Stülpen Sie mit dem Wendewerkzeug vorsichtig die Ecken nach außen.

c. Streichen Sie Futter und Oberstoffteil am oberen, offenen Teil des Reißverschlusses glatt und stecken Sie fest. Steppen Sie über der bereits bestehenden seitlichen Naht ab. So bleibt das Futter sicher an Ort und Stelle.

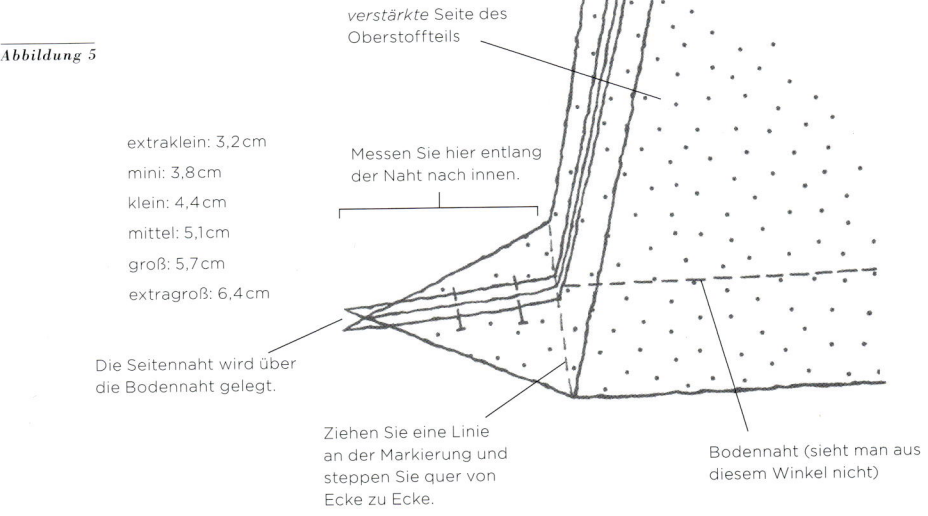

Abbildung 5

verstärkte Seite des Oberstoffteils

extraklein: 3,2 cm
mini: 3,8 cm
klein: 4,4 cm
mittel: 5,1 cm
groß: 5,7 cm
extragroß: 6,4 cm

Messen Sie hier entlang der Naht nach innen.

Die Seitennaht wird über die Bodennaht gelegt.

Ziehen Sie eine Linie an der Markierung und steppen Sie quer von Ecke zu Ecke.

Bodennaht (sieht man aus diesem Winkel nicht)

Ihre Taschen (oder Ihre Tasche) sind fertig! Ihre kleinen Reisebegleiter sind bereit, alles stilecht zu verpacken. Oder Sie nutzen die Raumwunder zum Dekorieren Ihres Zuhauses und verstauen Ihre Handarbeitssachen oder anderen Krimskrams unsichtbar in den Täschchen.

4

Hübsche Brieftasche

Nachdem ich lange nach der perfekten Brieftasche gesucht hatte, beschloss ich, dass es wohl am einfachsten wäre, selbst eine zu nähen. In den leicht zugänglichen Unterteilungen, Taschen und Fächern sind die wichtigsten Dinge sogleich zur Hand. Für alles gibt es ein passendes Plätzchen! Der Magnetverschluss und elegante Details machen aus dieser Tasche eine runde Sache. Ihr kleines Schmuckstück sieht aus wie aus der Hand eines berühmten Designers, kostet aber nur Ihrer eigenen Hände Geschick.

| GRÖSSE | 17,9 x 10,2 cm, 1,3 cm tief |

═ ═

STOFFE — **Aus 140 cm breitem mittelschwerem Heimdekorstoff**

- 25 cm eines bedruckten Oberstoffs
- 25 cm eines passenden festen Oberstoffs für die Klappe
- 25 cm eines passenden bedruckten Stoffs für das Futter

ZUSÄTZLICHE MATERIALIEN

- 35 cm von 90 cm breiter fixierbarer Gewebeeinlage
- 35 cm von 90 cm breitem Volumenvlies
- 10 cm von 90 cm breiter, stabiler Näheinlage
- 1 Magnetverschluss, Ø 19 mm
- 1 Spule passendes Allzweckgarn
- Schnittmusterbogen 2

Siehe Grundaustattung Werkzeug, die Sie für jedes Projekt brauchen (S. 14).

WERKZEUGE

- Klebeband
- Markierstift
- Handnähnadel

1 DAS SCHNITTMUSTER FÜR DIE KLAPPE VOM SCHNITTMUSTERBOGEN 2
AUSSCHNEIDEN

---

2 ALLE STOFFTEILE ZUSCHNEIDEN

Tipp: Mit Markierstift schreiben Sie den Namen jedes einzelnen Stoffteils auf ein Stück Klebeband und kleben es auf das jeweilige Teil. So wissen Sie immer gleich, was Sie vor sich haben.

a. Falten Sie Oberstoff und Futter jeweils **links** auf **links** längs in der Mitte, die Webkanten* aufeinander.

Aus Oberstoff

b. Übertragen Sie die Abmessungen mit Lineal und Markierstift direkt auf eine einzelne Stofflage auf der **rechten** Seite. Dann schneiden Sie entlang der Markierungen.
• 2 Hauptteile: 20,3 x 13,3 cm

Aus dem passenden festen Oberstoff

c. Legen Sie den Stoff einlagig mit der **rechten** Seite nach unten vor sich. Klappen Sie jede Webkante* 12,7 cm nach **links** ein. Sie haben nun ausreichend Bruchkanten, um die Teile für die Klappe auszuschneiden.
• 2 Teile für die Klappe an der Bruchkante*

Aus Futterstoff

• 2 Futterteile: 20,3 x 13,3 cm
• 2 Teile für die Einstecktaschen: 20,3 x 17,9 cm
• 1 Teil für den Stifthalter: 7 x 12,7 cm

d. Verwenden Sie die bereits zugeschnittenen Teile als Muster in Originalgröße, um entsprechende Stücke der Gewebeeinlage und des Vlieses zurechtzuschneiden.

Aus fixierbarer Gewebeeinlage

• 2 Hauptteile
• 2 Teile für die Klappe
• 2 Teile für die Einstecktaschen

Aus fixierbarem Volumenvlies

• 1 Teil für die Klappe
• 2 Einsätze für die Einstecktaschen: 17,9 x 7,6 cm

Aus stabiler Näheinlage

• 2 Vorder-/Rückenteile: 17,9 x 10,2 cm

3 DIE GEWEBEEINLAGE ANBRINGEN

Siehe Seite 182 für Tipps zum Anbringen von Bügeleinlagen und Volumenvlies.

a. Positionieren Sie auf einer flachen Unterlage eines der Vorder-/Rückenteile der Näheinlage mittig auf der **linken** Seite des ersten Oberstoff-Hauptteils, 1,3 cm vom oberen Rand und den Seitenkanten entfernt. Unten bleiben so 1,9 cm Stoff überstehen.

b. Legen Sie die beschichtete Seite der Hauptteileinlage auf die Näheinlage. Mit einem feuchten Bügeltuch* bügeln Sie die Einlage fest und versiegeln die Kanten rund um die Einlage (gemäß der Herstellerangaben). Wenden Sie das Teil und bügeln Sie es erneut, damit keine Falten entstehen.

c. Wiederholen Sie Schritt 3a und 3b, um die anderen Näheinlagen- und Futterhauptteile am zweiten Oberstoff-Hauptteil zu befestigen.

d. Auf der beschichteten Seite des Klappenvlieses messen Sie 1,3 cm von allen Kanten ab und markieren diese Stellen. Ziehen Sie Verbindungslinien und schneiden Sie dann entlang dieser Linien. Das verhindert auftragende Stofflagen.

e. Platzieren Sie die beschichtete Seite des passenden Futters auf der **linken** Seite einer der Klappen und fixieren Sie sie.

f. Legen Sie die beschichtete Seite des Vlieses auf die verstärkte Seite der Klappe (1,3 cm des Stoffs stehen an den Außenkanten über) und bügeln Sie es fest. Wenden Sie die Klappe und bügeln Sie erneut, damit keine Falten entstehen. In den folgenden Schritten wird dieses Teil als äußere Klappe bezeichnet.

g. Legen Sie die beschichtete Seite des zweiten Futterteils auf die **linke** Seite der anderen Klappe. Fixieren Sie die Lage, indem Sie sie festbügeln. Drehen Sie die Klappe herum und bügeln Sie erneut, damit keine Falten entstehen. In den folgenden Schritten wird dieses Teil als Klappenfutter bezeichnet.

h. Die beschichtete Seite der passenden Gewebeeinlage wird auf die **linke** Seite des ersten Einstecktaschen-Teils gelegt. Bügeln Sie es dort fest.

i. Platzieren Sie eines der Vliesteile für die Einstecktascheneinsätze auf der beschichteten Seite des entsprechenden Teils, 1,3 cm vom oberen und den Seitenrändern entfernt. An der Unterkante bleiben 3,8 cm des Stoffs überstehen. Bügeln Sie den Vlieseinsatz fest. Wenden Sie das Teil und bügeln Sie es erneut, damit keine Falten entstehen.

j. Wiederholen Sie Schritt 3h und 3i, um die andere Gewebeeinlage und das andere Vliesstück am zweiten Einstecktaschen-Teil zu befestigen.

Legen Sie die Einstecktaschen-Teile beiseite.

4 DAS OBERSTOFFTEIL ANFERTIGEN

a. Legen Sie die Oberkante der Oberstoffklappe und des hinteren Hauptteils **rechts** auf **rechts** zusammen und stecken Sie die Lagen fest. Steppen Sie steppfußbreit entlang der festgesteckten Kante. Vernähen Sie die Fadenenden und bügeln Sie die Nahtzugabe* in Richtung Hauptteil.

Abbildung 1

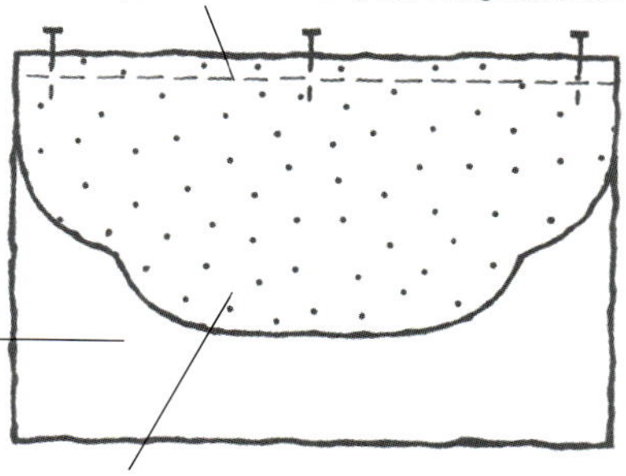

Legen Sie die Oberkante der Klappe und die Oberkante des hinteren Hauptteils **rechts** auf **rechts** zusammen.

Steppen Sie steppfußbreit entlang der festgesteckten Kante.

rechte Seite des hinteren Hauptteils

verstärkte Seite der Oberstoffklappe

b. Legen Sie die Unterkanten der Hauptteile (der Stoff steht 1,9 cm über der Näheinlage über) **rechts** auf **rechts** zusammen und stecken Sie sie aneinander fest. Steppen Sie steppfußbreit über die festgesteckte Kante. Vernähen Sie die Enden und bügeln Sie die Nahtzugabe auseinander.

c. Mit Lineal und Markierstift zeichnen Sie die Stelle für den Magnetverschluss auf der **rechten** Seite des Hauptteils an, bevor die Klappe befestigt wird. Falten Sie das Hauptteil längs in der Mitte, sodass die kurzen Seiten aufeinanderliegen. Bügeln Sie den Falz behutsam. Öffnen Sie den Stoff und messen Sie dann im Falz 5,1 cm von der Oberkante herunter und zeichnen Sie an der Stelle eine Markierung.

d. Richten Sie den weiblichen Teil des Verschlusses auf dem Mittelfalz unter der 5,1-cm-Markierung aus. Bringen Sie den Verschluss gemäß der Hinweise des Herstellers an.

5 EINSTECKTASCHEN ANFERTIGEN UND AM FUTTER BEFESTIGEN

a. Falten Sie das erste Einstecktaschen-Teil in der Mitte, sodass die verstärkten Seiten aufeinanderliegen. Die 20,3 cm langen Kanten kommen aufeinander. Stecken Sie die beiden kurzen Kanten fest und bügeln Sie den Falz flach.

b. Steppen Sie 0,3 cm vom Falz entfernt und vernähen Sie die Enden. Steppen Sie erneut 0,6 cm entfernt entlang der Naht und vernähen Sie die Enden.

c. Heften* Sie 0,6 cm vom Rand entfernt beide Seiten und die Unterkante.

d. Legen Sie das Einstecktaschen-Teil so oben auf die **rechte** Seite des ersten Futterteils, dass die oberen langen und die ungesäumten seitlichen Kanten aufeinanderliegen. Stecken Sie fest und heften Sie die festgesteckten Kanten 0,6 cm vom Rand entfernt.

e. Wiederholen Sie Schritt 5a bis 5d, um die zweite Einstecktasche anzufertigen und sie an der langen Unterkante des zweiten Futterteils zu befestigen.

6 DEN STIFTHALTER NÄHEN UND AM FUTTER BEFESTIGEN

a. Falten Sie den Stifthalter in der Mitte, die **rechten** Seiten aufeinander, sodass die 7 cm langen Kanten aufeinanderliegen. Stecken Sie die Lagen fest. Nähen Sie steppfußbreit über die festgesteckten Kanten und vernähen Sie die Enden.

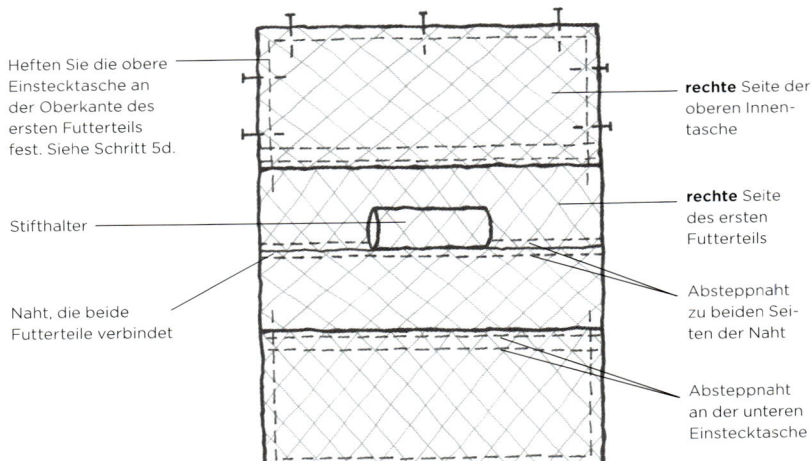

Abbildung 2

Heften Sie die obere Einstecktasche an der Oberkante des ersten Futterteils fest. Siehe Schritt 5d.

rechte Seite der oberen Innentasche

Stifthalter

rechte Seite des ersten Futterteils

Naht, die beide Futterteile verbindet

Absteppnaht zu beiden Seiten der Naht

Absteppnaht an der unteren Einstecktasche

b. Wenden Sie den Stifthalter auf **rechts** und richten Sie die Naht mittig auf dem Stifthalterteil aus. Bügeln Sie das Teil flach, die innere Nahtzugabe wird dabei geöffnet.

c. Falten Sie das Teil in der Mitte, die kurzen, ungesäumten Kanten aufeinander, und stecken Sie sie fest. Heften Sie dann 0,6 cm vom Rand entfernt die festgesteckten Kanten.

d. Platzieren Sie die zusammengelegten Enden des Stifthalters auf dem ersten Futterteil und richten Sie es an der langen, ungesäumten Unterkante aus. Stecken Sie ihn fest.

e. Legen Sie die Futterteile **rechts** auf **rechts** zusammen, die Unterkanten liegen aufeinander. Stecken Sie die Lagen fest und nähen Sie steppfußbreit über die festgesteckten Kanten. Vernähen Sie die Enden. Bügeln Sie die Nahtzugabe auseinander.

7 DAS KLAPPENFUTTER AM INNENFUTTER BEFESTIGEN

a. Falten Sie das Klappenfutter in der Mitte, die Seitenkanten aufeinander. Mit Lineal und Markierstift zeichnen Sie auf **rechts** entlang des Falzes, um die Mitte zu markieren.

b. Messen Sie 3,8 cm von der gerundeten Oberkante nach unten und zeichnen Sie auf der markierten Mitte eine weitere Markierung.

c. Richten Sie den männlichen Teil des Magnetverschlusses auf der Mittellinie und unterhalb der 3,8-cm-Markierung aus. Befestigen Sie den Verschluss gemäß der Hinweise des Herstellers.

d. Legen Sie die lange Kante des Klappenfutters und die Oberkante des ersten Futterteils **rechts** auf **rechts** zusammen und stecken Sie sie fest. Nähen Sie steppfußbreit von jeder Seitennaht 2,5 cm lang nach innen. Vernähen Sie die Enden. Die Öffnung dient später dem Wenden des Oberstoffteils auf **rechts**, wie in Schritt 8d beschrieben.

8 DAS FUTTER AM OBERSTOFF BEFESTIGEN

a. Legen Sie Futter und Oberstoff-Hauptteil mit den **rechten** Seiten aufeinander, die Verbindungsnähte von Klappe und Futter aufeinander. Stecken Sie die Außenkanten fest.

b. Steppen Sie steppfußbreit entlang der festgesteckten Außenkanten aller Teile, einschließlich der Klappe. Vernähen Sie die Enden.

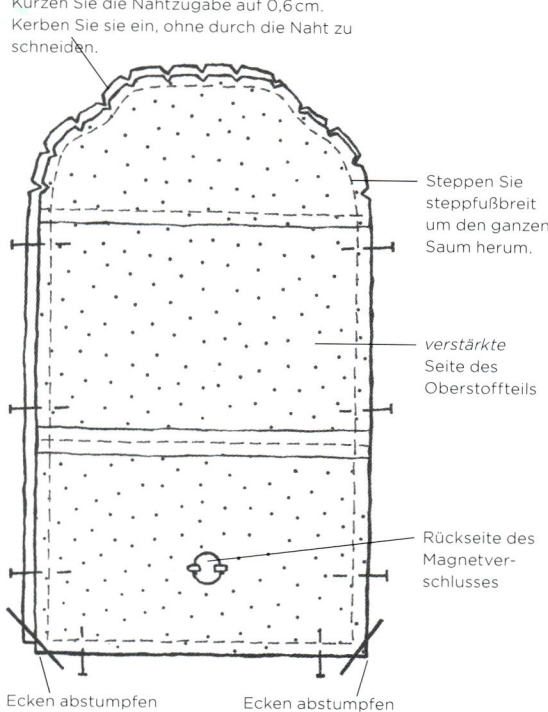

Kürzen Sie die Nahtzugabe auf 0,6 cm. Kerben Sie sie ein, ohne durch die Naht zu schneiden.

Steppen Sie steppfußbreit um den ganzen Saum herum.

verstärkte Seite des Oberstoffteils

Rückseite des Magnetverschlusses

Ecken abstumpfen

Ecken abstumpfen

Abbildung 3

c. Stumpfen* Sie die Ecken innerhalb der Nahtzugabe ab. Verletzen Sie dabei die Naht nicht. Kürzen Sie die Nahtzugabe in den gerundeten Kanten der Klappe auf 0,6 cm. Kerben* Sie die Nahtzugabe alle 1,3–1,9 cm ein, ohne durch die Naht zu schneiden.

d. Wenden Sie die Brieftasche durch die Öffnung in der Naht zwischen Futter und Klappenfutter auf **rechts**. Mit einem Wendewerkzeug* stülpen Sie behutsam die Ecken nach außen. Bügeln Sie die Teile flach.

e. Falten Sie beide Seiten der Öffnung 1,3 cm nach innen und stecken Sie sie fest. Verschließen Sie die Öffnung mit Saumstichen*.

f. Legen Sie auf der Oberstoffseite die Nähte auf Vorder- und Rückseite aufeinander und stecken Sie die Lagen fest. Nähen Sie in den Nahtschatten der Naht, die Rückenteil und Klappe verbindet. Vernähen Sie die Enden.

g. Stepen Sie 0,6 cm von der Naht auf der Klappe entfernt ab. Vernähen Sie die Enden. Nähen Sie eine zweite, von der ersten 0,6 cm entfernte Naht und vernähen sie die Enden.

h. Steppen Sie 0,3 cm von den versäuberten Außenkanten der Klappe ab und runden Sie dabei die Ecken ab. Vernähen Sie die Enden. Eine zweite, von der ersten 0,6 cm entfernte Absteppnaht folgt der ersten. Vernähen Sie die Fadenenden.

i. Legen Sie die Nähte, die die Hauptteile verbinden, auf der Vorderseite und im Futterzusammen und stecken Sie die Teile fest. Steppen Sie auf der Vorderseite auf jeder Seite der Naht mit einem Abstand von 0,3 cm ab. Vernähen Sie die Enden und achten Sie darauf, den Stifthalter nicht versehentlich mit anzunähen.

Ihre Brieftasche ist fertig. Sie versprühen Ihren modischen Esprit jedes Mal, wenn Sie Ihre Designertasche zücken!

5 Plissierte Clutch

Elegant, wie es einer Diva gebührt! Sorgen Sie für bewundernde Blicke, wenn Sie mit diesem schicken und stilsicheren Wegbegleiter auftauchen. Ihr kleines Geheimnis: Die Tasche zu nähen ist gar nicht so kompliziert, wie es aussieht. Suchen Sie sich die schönsten Stoffe aus und nähen Sie drei verschiedene Größen – in die kleinste passen Ihre Kreditkarten bequem hinein. Alle Ihre Freundinnen werden auf eine dieser Taschen als Geschenk hoffen.

GRÖSSE	**Kleine Clutch**

GRÖSSE

Kleine Clutch

17,9 cm (oben)/29,8 cm (an der breitesten Stelle) x 17,9 cm

Mittlere Clutch

22,9 cm (oben)/36,8 cm (an der breitesten Stelle) x 20,3 cm

Große Clutch

29,2 cm (oben)/43,8 cm (an der breitesten Stelle) x 24,1 cm

===

STOFFE

Aus 110 cm breitem leichtem bis mittelschwerem Stoff

Für die kleine Clutch:

- 150 cm eines bedruckten Stoffs für die plissierte Außenseite

Für die mittlere Clutch:

- 170 cm eines bedruckten Stoffs für die plissierte Außenseite

Für die große Clutch:

- 200 cm eines bedruckten Stoffs für die plissierte Außenseite

Außerdem für jede Größe:

- 35 cm eines passenden bedruckten Stoffs für die Blenden und den Griff

ZUSÄTZLICHE MATERIALIEN

- Schnittmusterbogen 3 und 4

Für die kleine Clutch:

- 51 cm von 90 cm breiter fixierbarer Gewebeeinlage

- 1 Reißverschluss der Länge 18 cm

- 1 Spule passendes Allzweckgarn

Für die mittlere Clutch:

- 60 cm von 90 cm breiter fixierbarer Gewebeeinlage

- 1 Reißverschluss der Länge 25,4 cm

- 1 Spule passendes Allzweckgarn

Für die große Clutch:

- 65 cm von 90 cm breiter fixierbarer Gewebeeinlage

- 1 Reißverschluss der Länge 30,5 cm

- 1 Spule passendes Allzweckgarn

Siehe Grundausstattung an Werkzeugen, die Sie für jedes Projekt brauchen (S. 14).

- -

WERKZEUG

- Reißverschlussfuß für Ihre Maschine

Folgen Sie diesen Anweisungen für jede Taschengröße. Abweichende Größenangaben sind bei den jeweiligen Schritten vermerkt.

1 DIE SCHNITTMUSTERTEILE AUSSCHNEIDEN

Schneiden Sie folgende Teile anhand der Schnittmusterbogen 3 und 4 zu:

• Hauptteil/Einstecktasche

• Blende

• Schlaufe

2 ALLE STOFFTEILE AUSSCHNEIDEN

a. Breiten Sie den Stoff für die Oberstoffteile mit der **rechten** Seite nach oben vor sich aus und glätten Sie ihn. Übertragen Sie die Abmessungen mit Lineal und Markierstift direkt auf die einzelne Lage Stoff. Dann schneiden Sie entlang der Markierungen.

Für die Plissierung
Für die kleine Clutch: 2 Teile, jedes 20,3 x 137 cm
Für die mittlere Clutch: 2 Teile, jedes 22,9 x 162,6 cm
Für die große Clutch: 2 Teile, jedes 27,9 x 193 cm

b. Falten Sie sowohl den Stoff für Blenden und Schlaufe als auch den Futterstoff längs in der Mitte, die **linken** Seiten aufeinander, sodass die Webkanten* aufeinanderliegen. Bügeln S e behutsam einen Falz. Öffnen Sie den Stoff und falten Sie beide Webkanten zum Mittelfalz hin. So erhalten Sie genügend Bruchkanten, um die Blenden, Griffe und das Futter auszuschneiden.

Aus passendem bedrucktem Stoff
• 2 Blendenteile an der Bruchkante
• 2 Schlaufenteile an der Bruchkante

Aus Futterstoff
• 2 Hauptteile an der Bruchkante
• 2 Blendenteile an der Bruchkante
• 2 Einstecktaschen-Teile an der Bruchkante

Aus fixierbarer Gewebeeinlage
c. Verwenden Sie die bereits ausgeschnittenen Teile als Schnittmuster in Originalgröße, um die Gewebeeinlage auszuschneiden.

• 2 Hauptteile
• 4 Blendenteile
• 1 Einstecktaschen-Teil
• 1 Schlaufenteil

3 DIE FIXIERBARE GEWEBEEINLAGE ANBRINGEN

Siehe Seite 182 für Tipps zum Anbringen von Bügeleinlagen und Volumenvlies.

a. Legen Sie die **linke** Seite eines Schlaufenteils auf die beschichtete Seite der Gewebeeinlage. Mit einem feuchten Bügeltuch* fixieren Sie die Einlage. Wenden Sie das Teil und bügeln Sie es erneut, damit sich keine Falten bilden.

b. Wiederholen Sie Schritt 3a, um die Einlagen an einem Einstecktaschen-Teil und allen 4 Blenden zu befestigen. Die Verstärkung für die Hauptteile wird in Schritt 4c und 4h angebracht.

4 PLISSEEFALTEN AUF DEM OBERSTOFFTEIL LEGEN UND DIE HAUPTTEILE ANFERTIGEN

a. Legen Sie den Oberstoff für die plissierte Seite mit der **rechten** Seite nach oben auf das Bügelbrett. Messen Sie von einer kurzen Kante ausgehend 2,5 cm nach innen und zeichnen Sie an beiden Längsseiten parallele Markierungen an. Diese beiden Markierungen werden nur für die erste Bügelfalte benutzt. Kniffen Sie 1,3 cm des Stoffs über der 2,5-cm-Markierung an jeder Seitenkante und falten Sie ihn zu den Markierungen hin. Bügeln Sie die Falte, die sich auf der **rechten** Seite gebildet hat, fest. Achten Sie darauf, dass die Falte gleichmäßig breit bleibt. Kniffen und falten Sie den Stoff weiter, legen Sie neu entstehende Falten auf bereits fertige. Variieren Sie die Breite der Falten von 1 bis 1,6 cm. Jede fertige Falte bügeln Sie, damit eine schöne scharfe Kante entsteht.

Abbildung 1

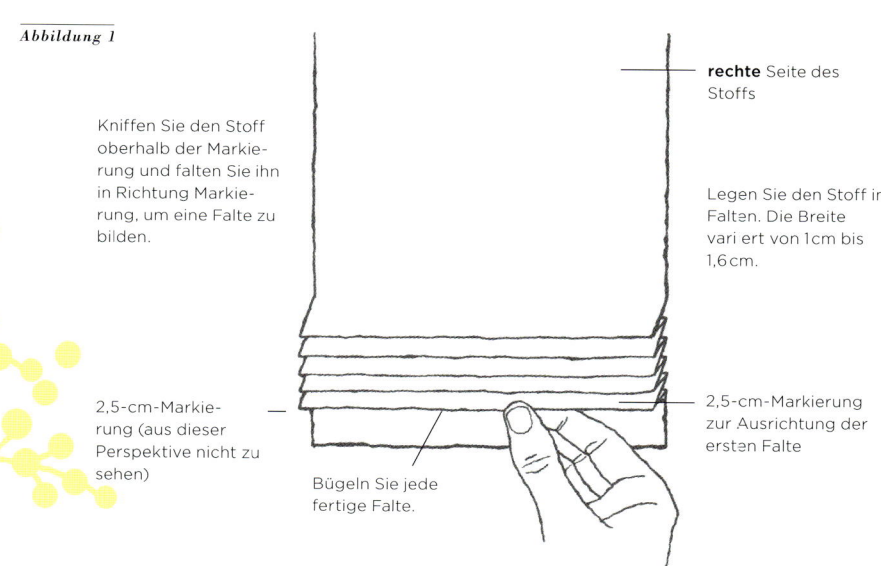

Kniffen Sie den Stoff oberhalb der Markierung und falten Sie ihn in Richtung Markierung, um eine Falte zu bilden.

rechte Seite des Stoffs

Legen Sie den Stoff in Falten. Die Breite variiert von 1 cm bis 1,6 cm.

2,5-cm-Markierung (aus dieser Perspektive nicht zu sehen)

Bügeln Sie jede fertige Falte.

2,5-cm-Markierung zur Ausrichtung der ersten Falte

b. Drehen Sie den plissierten Stoff vorsichtig um und legen Sie ihn mit der **linken** Seite nach oben und den Falten vertikal vor sich hin. Richten Sie die Falten, falls sich etwas verschoben hat.

c. Platzieren Sie die beschichtete Seite eines der Einlagenhauptteile auf der **linken** Seite des plissierten Vorderteils. Stellen Sie sicher, dass die Falten gerade und gleichmäßig liegen. Unter Verwendung eines feuchten Bügeltuchs fixieren Sie die Gewebeeinlage.

d. Heften Sie auf der verstärkten Seite des Teils rundherum mit einem Abstand von 0,6 cm zum Rand.

e. Messen Sie von der Oberkante an beiden Seitenkanten des verstärkten Hauptteils nach unten und zeichnen Sie die folgenden Markierungen für die jeweilige Clutch-Größe an.

Für die kleine Clutch: 3,8 cm sowie 2,7 cm
Für die mittlere Clutch: 5,1 cm sowie 14 cm
Für die große Clutch: 6,4 cm sowie 15,2 cm

Verbinden Sie das erste Paar Markierungen mit einer horizontalen Linie quer über das Hauptteil. Verbinden Sie dann auch die anderen Markierungen mit einer horizontalen Linie.

f. Nähen Sie entlang der angezeichneten Linien und vernähen* Sie die Enden. Achten Sie darauf, dass die Falten während des Steppens flach liegen.

g. Schneiden Sie überstehenden Stoff ab. Orientieren Sie sich während des Schneidens an den Außenkanten des verstärkten Hauptteils.

h. Wiederholen Sie Schritt 4a bis 4g, um das zweite Hauptteil anzufertigen.

5

DIE SCHLAUFE ANFERTIGEN UND BEFESTIGEN

a. Legen Sie die Schlaufenteile mit den **rechten** Seiten aufeinander, sodass die Längskanten aufeinanderliegen. Stecken Sie die Lagen aneinander fest und nähen Sie steppfußbreit darüber. Vernähen Sie die Fadenenden.

b. Schneiden Sie die Nahtzugabe* entlang der Rundung in der Mitte der Schlaufe ein, ohne durch die Naht zu schneiden. Wenden Sie die Schlaufe durch ein offenes Ende auf **rechts** und bügeln Sie sie flach. Dann nähen Sie mit Kantenstich über die fertigen Ränder.

c. Bestimmen Sie die Mitte eines Hauptteils, indem Sie es zusammenfalten und an der Oberkante mit einer Stecknadel markieren. Dann öffnen Sie das Hauptteil wieder.

d. Falten Sie die Schlaufe in der Mitte, sodass die kurzen, ungesäumten Kanten aufeinanderliegen, und stecken Sie sie fest. Richten Sie die kurzen Enden an der Mitte der Oberkante auf der **rechten** Seite eines der Hauptteile aus. Stecken Sie sie fest und heften Sie die Kanten 0,6 cm vom Rand entfernt, um den Griff zu befestigen.

Legen Sie Schlaufe und Hauptteil beiseite.

Abbildung 2

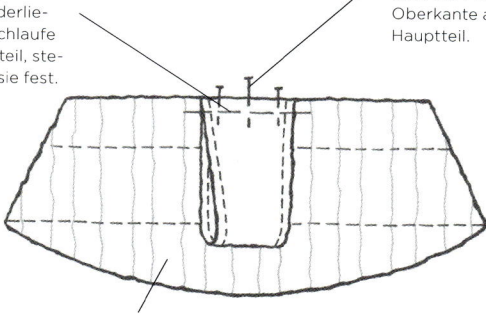

Falten Sie die Schlaufe in der Mitte, sodass die ungesäumten Kanten aufeinanderliegen. Legen Sie die Schlaufe mittig auf das Hauptteil, stecken und heften Sie sie fest.

Die Stecknadel markiert die Mitte der Oberkante auf dem Hauptteil.

rechte Seite des Hauptteils

---

6   DIE EINSTECKTASCHE ANFERTIGEN UND AM FUTTER BEFESTIGEN

a. Legen Sie die Teile der Einstecktasche mit den **rechten** Seiten aufeinander, sodass alle Kanten aufeinanderliegen. Stecken Sie sie an der Oberkante fest. Nähen Sie steppfußbreit entlang der festgesteckten Kante und vernähen Sie die Enden.

b. Wenden Sie die Teile für die Einstecktasche auf **rechts** und bügeln Sie den Saum der Oberkante. Dann nähen Sie mit Kantenstich 0,6 cm vom Saum entfernt und vernähen die Enden.

c. Legen Sie die Seiten- und Unterkanten aufeinander und heften Sie mit einer 0,6 cm vom Rand entfernten Naht die festgesteckten Kanten fest.

d. Legen Sie die Einstecktasche auf eines der Futterhauptteile, sodass Unter- und Seitenkanten aufeinanderliegen. Stecken Sie sie fest und heften Sie mit einer 0,6 cm vom Rand entfernten Naht die Einstecktasche an.

e. Falten Sie das Futter und die Taschenteile mittig zusammen, sodass die Seitenkanten aufeinanderliegen, und bügeln Sie an der Bruchkante behutsam einen Falz. Steppen Sie entlang der Falte nach oben, um die Einstecktasche in 2 Fächer zu unterteilen. Vernähen Sie die Fadenenden.

---

7   DIE BLENDEN VORBEREITEN UND AM OBERSTOFF SOWIE AM FUTTER BEFESTIGEN

a. Legen Sie die Unterkante einer der Oberstoffblenden und die Oberkante eines der plissierten Hauptteile mit den **rechten** Seiten aufeinander, sodass die Kanten aufeinanderliegen, und stecken Sie die Lagen aneinander fest. Steppen Sie steppfußbreit entlang der festgesteckten Kanten. Vernähen Sie die Enden.

b. Bügeln Sie die Nahtzugabe in Richtung Blende. Steppen Sie dann 0,6 cm von der Naht entfernt auf der **rechten** Seite der Blende ab.

c. Wiederholen Sie Schritt 7a und 7b, um die andere Außenblende am zweiten Oberstoff-Hauptteil und beide Futterblenden an den Futterhauptteilen zu befestigen.

8 DEN REISSVERSCHLUSS BEFESTIGEN

a. Legen Sie den Reißverschluss mit der Vorderseite nach unten auf die **rechte** Seite des ersten Oberstoffteils, sodass die Schlaufe des Reißverschlusses 1,3 cm von einer ungesäumten Blendenseite entfernt liegt. Legen Sie die Blendenseite des Reißverschlusses 0,6 cm unterhalb der Oberkante der Blende auf den Stoff und stecken Sie sie fest.

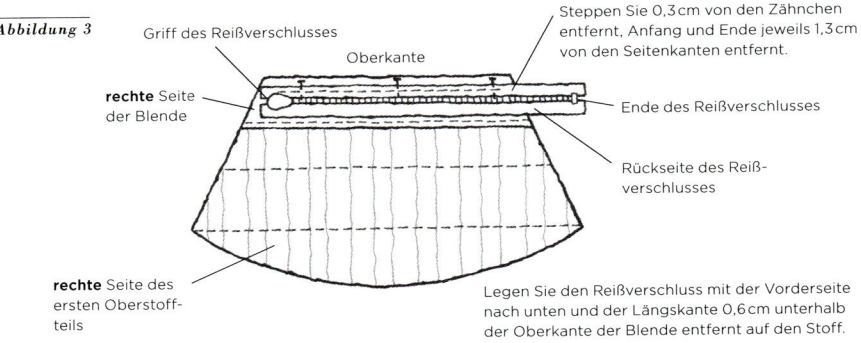

Abbildung 3

Griff des Reißverschlusses

Oberkante

Steppen Sie 0,3 cm von den Zähnchen entfernt, Anfang und Ende jeweils 1,3 cm von den Seitenkanten entfernt.

rechte Seite der Blende

Ende des Reißverschlusses

Rückseite des Reißverschlusses

rechte Seite des ersten Oberstoffteils

Legen Sie den Reißverschluss mit der Vorderseite nach unten und der Längskante 0,6 cm unterhalb der Oberkante der Blende entfernt auf den Stoff.

b. Mit dem Reißverschlussfuß Ihrer Nähmaschine nähen Sie 0,3 cm von den Zähnchen des Reißverschlusses entfernt, Anfang und Ende jeweils 1,3 cm von den Seitenkanten entfernt. Vernähen Sie die Enden.

c. Legen Sie das erste Futterteil und das Oberstoffteil **rechts** auf **rechts** zusammen, sodass der Reißverschluss dazwischen eingeschlossen ist. Stecken Sie entlang der Oberkante fest.

d. Mit der verstärkten Seite des Oberstoffteils nach oben nähen Sie über die Befestigungsnaht des Reißverschlusses. Halten Sie den Abstand von 1,3 cm zu den beiden Seitenkanten der Blende ein und vernähen Sie die Enden.

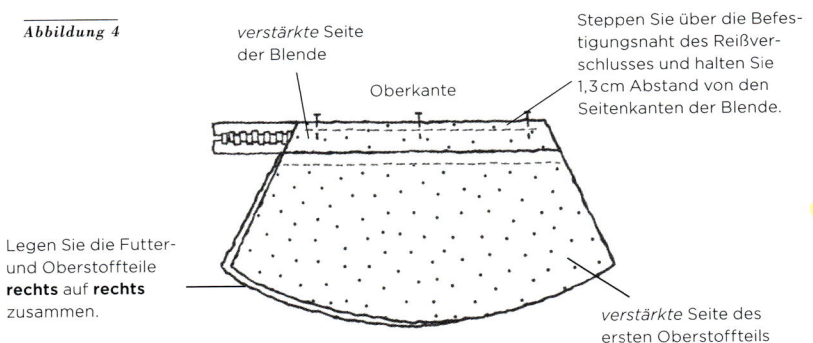

Abbildung 4

verstärkte Seite der Blende

Oberkante

Steppen Sie über die Befestigungsnaht des Reißverschlusses und halten Sie 1,3 cm Abstand von den Seitenkanten der Blende.

Legen Sie die Futter- und Oberstoffteile **rechts** auf **rechts** zusammen.

verstärkte Seite des ersten Oberstoffteils

e. Schlagen Sie das Futter über den Reißverschluss, sodass die **linken** Seiten des Futters und der Oberstoffteile aufeinanderliegen. Stecken Sie die Lagen aneinander fest. Bügeln Sie die Teile vom Reißverschluss weg, sodass die ungesäumten, 1,3 cm langen Seiten eingeschlagen sind.

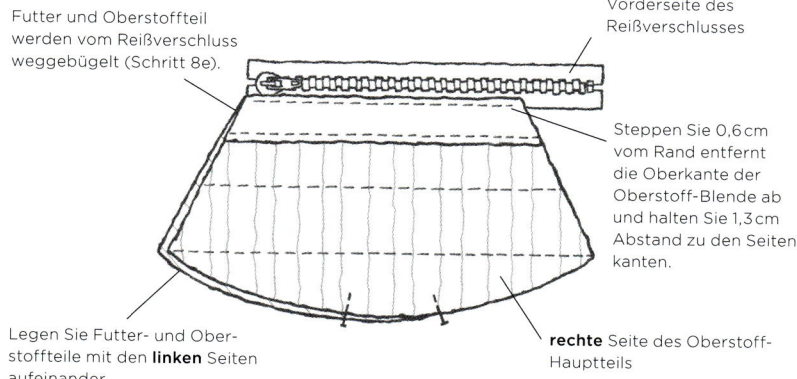

Abbildung 5

Futter und Oberstoffteil werden vom Reißverschluss weggebügelt (Schritt 8e).

Vorderseite des Reißverschlusses

Steppen Sie 0,6 cm vom Rand entfernt die Oberkante der Oberstoff-Blende ab und halten Sie 1,3 cm Abstand zu den Seitenkanten.

Legen Sie Futter- und Oberstoffteile mit den **linken** Seiten aufeinander.

rechte Seite des Oberstoff-Hauptteils

f. Steppen Sie 0,6 cm von der Befestigungsnaht des Reißverschlusses entfernt auf der **rechten** Seite des Oberstoffteils ab. Halten Sie jeweils 1,3 cm Abstand zu den Seitenkanten und vernähen Sie die Fadenenden.

g. Wiederholen Sie Schritt 8a bis 8f, um die anderen Futter- und Oberstoffteile an der anderen Seite des Reißverschlusses zu befestigen. Passen Sie auf, dass sich der Reißverschluss nicht verdreht.

h. Mit den Oberstoffteilen nach oben legen Sie die am Reißverschluss befestigten Teile auf eine flache Unterlage, sodass jeweils ein Set aus Futter und Oberstoff in eine Richtung zeigt. Zeichnen Sie von jeder Seite des Reißverschlusses 1,3 cm nach innen gemessen eine Markierung auf die Zähnchen. Mit Riegelstich* entsteht an dieser Stelle ein neues Ende für den Reißverschluss.

i. Schneiden Sie den Reißverschluss ab, sodass nicht mehr als 2,5 cm am neuen Ende überstehen.

j. Ziehen Sie den Reißverschluss auf und entfernen Sie die Stecknadeln.

9   OBERSTOFF- UND FUTTERTEILE ANEINANDER BEFESTIGEN

Tipp: Lassen Sie den Reißverschluss in diesem Schritt geöffnet, damit Sie die Tasche wenden können.

a. Trennen Sie die Außen- von den Futterteilen. Damit Ihnen das Futter nicht im Weg liegt, wenn Sie die Oberstoffteile nähen, legen Sie die Futterteile mit den **rechten** Seiten aufeinander, sodass die ungesäumten Kanten aufeinanderliegen. Stecken Sie die Lagen aneinander fest. Falten Sie die unversäuberten Kanten an der Oberseite der Futterblenden in Richtung Mitte nach innen und stecken Sie sie fest (siehe Abbildung 6).

b. Legen Sie die Oberstoffteile mit den **rechten** Seiten aufeinander, sodass die Befestigungsnähte der Blenden, die Seiten- und Unterkanten sowie die unversäuberten Oberkanten aufeinanderliegen. Stecken Sie die Lagen fest. Fangen Sie an der Bruchkante an zu nähen und steppen Sie steppfußbreit entlang der Seiten- und der Unterkante. Vernähen Sie die Enden.

c. Stumpfen Sie die Ecken in den Nahtzugaben ab*, ohne durch die Naht zu schneiden. Bügeln Sie die Nahtzugaben auseinander.

Abbildung 6

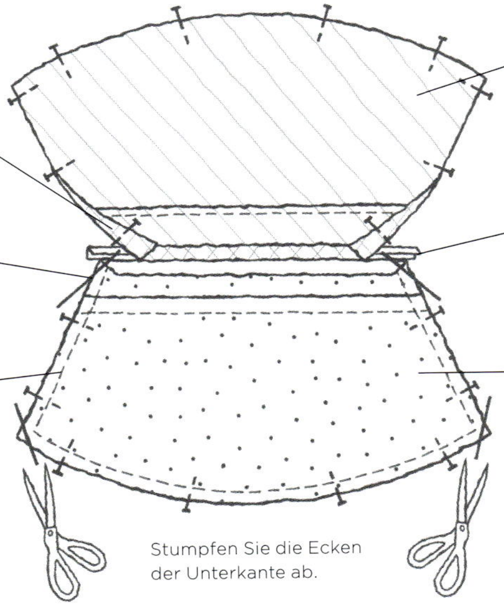

Falten Sie die unge-
säumte, 1,3 cm lange
Kante nach innen und
stecken Sie fest.

Die **linke** Seite des
Futters wird zur Seite
gesteckt.

Stumpfen Sie die
Ecken der Oberkante ab.

Der Reißverschluss be-
findet sich zwischen den
Blenden.

Nähen Sie steppfußbreit
entlang der Seiten- und
der Unterkante.

verstärkte Seite des
Oberstoff-Hauptteils

Stumpfen Sie die Ecken
der Unterkante ab.

d. Ziehen Sie die Stecknadeln an jedem Ende des Reißverschlusses aus dem Futter. Legen Sie diese Kanten mit den **rechten** Seiten aufeinander, sodass die Nähte der Blenden aufeinanderliegen. Stecken Sie die Lagen fest. Fangen Sie direkt unter den Zähnchen an zu nähen, steppen Sie steppfußbreit entlang der Seiten- und der Bodenkante und hören Sie am Reißverschluss wieder auf. An der Unterkante lassen Sie eine 10,2 cm große Öffnung, durch die Sie die Tasche auf **rechts** wenden können. Vernähen Sie die Enden.

e. Wiederholen Sie Schritt 9c, um die Ecken abzustumpfen.

10   DIE TASCHE FERTIGSTELLEN

a. Wenden Sie die Tasche durch die Öffnung im Boden des Futters auf **rechts**.

b. Falten Sie jede Seite der Öffnung 1,3 cm auf die **linke** Seite nach innen und bügeln Sie. Stecken Sie die Kanten zusammen und verschließen Sie die Öffnung mit einem Kantenstich. Schieben Sie das Futter nach innen. Mit einem Wendewerkzeug* stülpen Sie behutsam die Ecken aus.

c. Stecken Sie Innen- und Oberstoffteil der Blenden in der Mitte der jeweiligen Hauptteile zusammen. Steppen Sie mit einem Abstand von 3,8 cm auf der bestehenden Absteppnaht der Blende über die Mitte, um das Futter zu befestigen. Vernähen Sie die Enden.

Ihre Clutch ist fertig! Zur Freude darüber, wie schnell diese Tasche fertig war, kommen die Komplimente über die eleganten Details. Und denken Sie immer daran, Reden ist Silber, Schweigen ist Gold. Verraten Sie Ihren Freunden nicht, wie leicht die Anfertigung der Clutch ist – sie können es selbst herausfinden und dabei ganz viel Spaß haben.

6 Tränentasche

Die kleinere Ausführung eignet sich perfekt für Damen auf dem Sprung oder als Aufbewahrung für Geldbörse und Schlüssel. Das größere Modell ist die coole Tasche für jeden Tag, ob für die Schule, den Markt oder zum Shoppen. Nähen Sie sich verschiedene dieser Taschen in unkonventionellen bis glamourösen Stoffen und starten Sie Ihren eigenen Trend.

GRÖSSE	**Kleine Tasche**
	24,1 x 22,9 cm (47 cm mit Henkeln)

Kleine Tasche

24,1 x 22,9 cm (47 cm mit Henkeln)

Große Tasche

34,3 x 29,8 cm (75 cm mit Henkeln)

STOFFE

Aus 110 cm breitem leichtem bis mittelschwerem Stoff

- 35 cm eines bedruckten Stoffs für die Oberstoff-Hauptteile

- 60 cm eines passenden Stoffs für die Oberstoff-Blenden, Henkel und Henkelverlängerung (im Folgenden als „Hüfte" bezeichnet)

- 65 cm eines weiteren passenden Stoffs für das Futter

ZUSÄTZLICHE
MATERIALIEN

- 80 cm von 90 cm breiter, fixierbarer Gewebeeinlage

- 1 Magnetverschluss, Ø 13 mm

- 1 Spule passendes Allzweckgarn

- Schnittmusterbogen 3 und 4

Siehe Grundausstattung an Werkzeugen, die Sie für jedes Projekt brauchen (S. 14).

WERKZEUG

- Sicherheitsnadel

Folgen Sie dieser Anweisung für beide Taschengrößen. Die unterschiedlichen Maße sind im jeweiligen Schritt angegeben.

---

1 DIE SCHNITTMUSTERTEILE AUSSCHNEIDEN

Schneiden Sie folgende Teile anhand der Schnittmusterbogen 3 und 4 zu:

• Hauptteil/Einstecktasche
• Henkel
• Hüfte (als Henkelverlängerung verwendet)

---

2 ALLE STOFFTEILE AUSSCHNEIDEN

a. Falten Sie die Oberstoffe und das Futter jeweils an der Längsseite **links** auf **links** zusammen, sodass die Webkanten* aufeinanderliegen. Bügeln Sie vorsichtig einen Falz. Falten Sie den Stoff auf. Schlagen Sie die Webkanten bis zum Mittelfalz **links** auf **links** ein. Auf diese Weise haben Sie genügend Bruchkanten*, um den Oberstoff und das Futter auszuschneiden.

Aus bedrucktem Oberstoff

• 2 Hauptteile an der Bruchkante

Aus passendem Oberstoff

b. Falten Sie den Stoff an der Längsseite **links** auf **links** zusammen, sodass die Webkanten* aufeinanderliegen.

• 2 Henkel an der Bruchkante
• 4 Hüften an der Bruchkante

c. Übertragen Sie die Abmessungen mit Lineal und Markierstift direkt auf eine einzelne Stofflage auf der **rechten** Seite. Dann schneiden Sie entlang der markierten Linien.

• **Für die kleine Tasche:** 4 Blendenstreifen 5,5 x 21,6 cm.
ODER
• **Für die große Tasche:** 4 Blendenstreifen 7 x 30 cm.

Aus Futterstoff

• 2 Hauptteile an der Bruchkante
• Schneiden Sie 2 Einstecktaschen-Teile an der Bruchkante aus. Falten Sie dafür das Schnittmusterteil für Hauptteile an der gestrichelten Linie zurück.

Aus Gewebeeinlage

d. Verwenden Sie die bereits ausgeschnittenen Teile als Schnittvorlagen in Originalgröße auf der einlagigen Gewebeeinlage.

• 2 Hauptteile
• 2 Henkel
• 1 Teil für die Einstecktasche
• 4 Blendenstreifen

3 DIE GEWEBEEINLAGE ANBRINGEN

Siehe Seite 182 für Tipps zum Anbringen von Bügeleinlagen und Volumenvlies.

a. Legen Sie die **linke** Stoffseite des Oberstoff-Hauptteils auf die beschichtete Seite des passenden Schnittteils der Gewebeeinlage. Verwenden Sie ein angefeuchtetes Bügeltuch*, um die Einlage festzubügeln. Wenden Sie die Schnittteile und bügeln Sie erneut, damit sich keine Falten bilden.

b. Wiederholen Sie Schritt 3a, um die Einlage auf dem zweiten Hauptteil, allen 4 Blendenstreifen, beiden Henkeln und einem der Einstecktaschen-Teile anzubringen.

4 DIE FALTE AM OBERSTOFF-HAUPTTEIL LEGEN

a. Falten Sie das erste Oberstoff-Hauptteil in der Mitte **rechts** auf **rechts**, sodass die Seitenkanten aufeinanderliegen. Bügeln Sie vorsichtig nur an der oberen Kante einen Falz entlang der Bruchkante. Stecken Sie die oberen Kanten zusammen.

b. Steppen Sie entlang der eingeschlagenen Kante; mit einem Abstand von 2,5 cm für die kleine Tasche oder einem Abstand von 3,8 cm für die große Tasche. Steppen Sie 3,8 cm von der Oberkante nach unten und vernähen* Sie das Ende. **Abbildung 1 zeigt die kleine Tasche.**

c. Falten Sie das Stoffteil auf. Bügeln Sie die Falte, die sich auf der **linken** Seite des Stoffs bildet, mittig über der Naht flach. Stecken Sie alles fest und heften Sie 0,6 cm unterhalb der oberen Kante, um die Falte zu fixieren.

d. Bügeln Sie die Falte auf der **rechten** Seite des Hauptteils auf der ganzen Länge des Schnittteils. Dadurch erhält die Tasche ihre Form.

e. Wiederholen Sie Schritt 4a bis 4d, um auf dem zweiten Oberstoff-Hauptteil ebenfalls eine Falte in der Mitte der Oberkante zu legen.

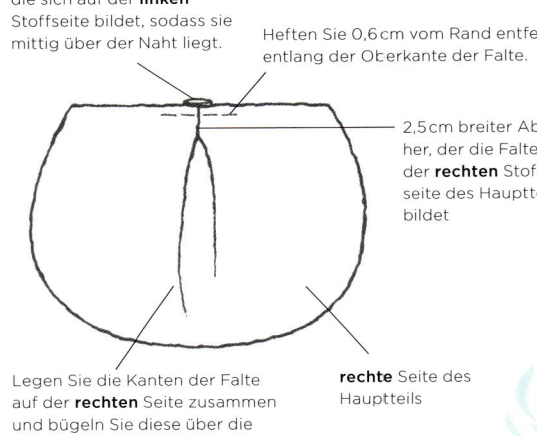

Bügeln Sie die Falte flach, die sich auf der **linken** Stoffseite bildet, sodass sie mittig über der Naht liegt.

Abbildung 1

Heften Sie 0,6 cm vom Rand entfernt entlang der Oberkante der Falte.

2,5 cm breiter Abnäher, der die Falte auf der **rechten** Stoffseite des Hauptteils bildet

Legen Sie die Kanten der Falte auf der **rechten** Seite zusammen und bügeln Sie diese über die gesamte Länge des Hauptteils.

rechte Seite des Hauptteils

5 DIE BLENDENSTREIFEN AN DEN OBERSTOFF-HAUPTTEILEN ANBRINGEN

a. Legen Sie einen Blendenstreifen aus Oberstoff und ein Oberstoff-Hauptteil mit den **rechten** Seiten aneinander, sodass die Kanten bündig aufeinanderliegen. Steppen Sie steppfußbreit entlang der festgesteckten Kanten und vernähen Sie die Fadenenden.

b. Bügeln Sie die Nahtzugabe* in Richtung des Blendenstreifens. Dann nähen Sie mit einer Kantennaht* den Blendenstreifen direkt über der Naht an.

c. Wiederholen Sie Schritt 5a und 5b, um die übrigen Blenden und Hauptteile zu befestigen.

6 DAS ÄUSSERE DER TASCHE ANFERTIGEN

a. Legen Sie die Oberstoffteile **rechts** auf **rechts** aufeinander. Richten Sie dabei die Seiten- und Unterkanten sowie die Befestigungsnähte der Blendenstreifen aneinander aus. Stecken Sie alle Kanten und Nähte fest.

b. Nähen Sie steppfußbreit entlang der festgesteckten Kanten und schwenken* Sie an den Säumen. Vernähen Sie die Enden.

c. Schneiden* Sie die Nahtzugabe dort, wo Sie geschwenkt haben, vorsichtig ein, ohne durch die Naht zu schneiden. Kürzen Sie die Nahtzugabe* an den Rundungen unterhalb der Einschnitte auf 0,6 cm. Bügeln Sie die Nahtzugabe an den Seitennähten der Blendenstreifen auf.

d. Wenden Sie das Äußere auf **rechts** und stülpen Sie die Ecken mit einem Wendewerkzeug* vorsichtig aus. Bügeln Sie die Oberstofftasche.

7 DIE HÜFTEN ANFERTIGEN UND BEFESTIGEN

a. Legen Sie 2 Hüftteile mit den **rechten** Seiten aufeinander, richten Sie die Kanten aus und stecken Sie fest. Steppen Sie steppfußbreit entlang der fixierten Kanten und vernähen Sie die Enden.

b. Kürzen Sie die Nahtzugabe auf 0,6 cm. Schneiden Sie die Nahtzugabe entlang der Rundungen alle 1,3 cm ein, ohne durch die Naht zu schneiden.

c. Wenden Sie die Hüfte auf **rechts** und runden Sie die Ecken vorsichtig mit dem Wendewerkzeug. Bügeln Sie das Teil flach.

d. Falten Sie die Hüfte in der Mitte, sodass die Seitenränder aufeinanderliegen, und bügeln Sie vorsichtig einen Falz. Öffnen Sie die Hüfte.

e. Legen Sie das Äußere der Tasche mit einer der Seitennähte nach oben vor sich.
Richten Sie den Mittelfalz der Hüfte mittig über der Seitennaht aus, die Oberkanten aufeinander, und stecken Sie fest.

Abbildung 2

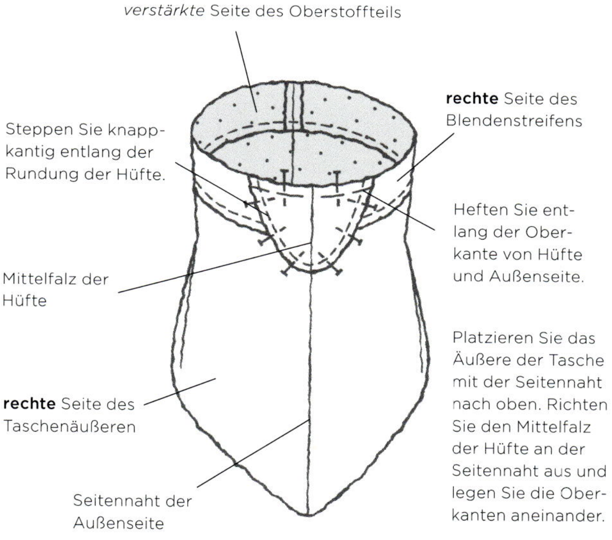

verstärkte Seite des Oberstoffteils

rechte Seite des Blendenstreifens

Steppen Sie knappkantig entlang der Rundung der Hüfte.

Heften Sie entlang der Oberkante von Hüfte und Außenseite.

Mittelfalz der Hüfte

rechte Seite des Taschenäußeren

Platzieren Sie das Äußere der Tasche mit der Seitennaht nach oben. Richten Sie den Mittelfalz der Hüfte an der Seitennaht aus und legen Sie die Oberkanten aneinander.

Seitennaht der Außenseite

f. Steppen Sie knappkantig entlang der Rundung an der Hüfte. Vernähen Sie die Enden und heften Sie die Oberkante mit einem Abstand von 0,6 cm an.

g. Wiederholen Sie Schritt 7a bis 7f, um die andere Hüfte anzufertigen und an der gegenüberliegenden Seite der Oberstofftasche anzubringen.

---

8 DIE HENKEL ANFERTIGEN UND ANBRINGEN

a. Legen Sie 2 Henkelteile mit den **rechten** Seiten aneinander und stecken Sie sie entlang der Längskanten fest.

b. Steppen Sie steppfußbreit entlang der festgesteckten Kanten. Lassen Sie in der Mitte der einen Kante eine 15,2 cm große Öffnung, um den Henkel später wenden zu können. Vernähen Sie die Enden.

c. Schneiden Sie die Nahtzugabe an den Rundungen der Enden alle 1,3–1,9 cm ein. Achten Sie darauf, nicht durch die Naht zu schneiden.

d. Stecken Sie in eine Lage des Henkelendes eine Sicherheitsnadel. Wenden Sie den Henkel mithilfe der Sicherheitsnadel durch die Öffnung an der Seite auf **rechts**.

Abbildung 3

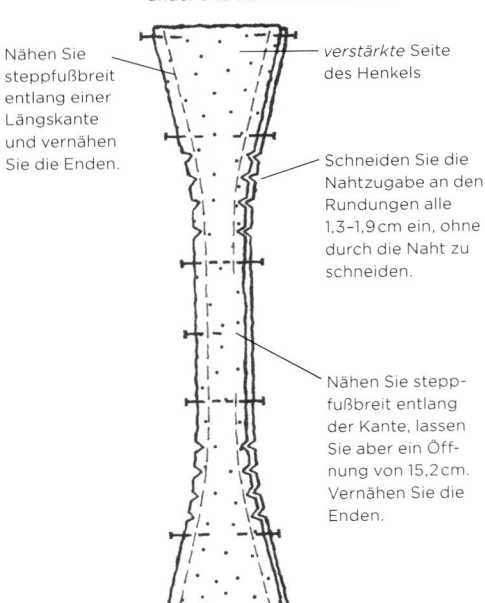

Legen Sie die Henkelstreifen mit den **rechten** Längsseiten aneinander und stecken Sie sie fest.

Nähen Sie steppfußbreit entlang einer Längskante und vernähen Sie die Enden.

verstärkte Seite des Henkels

Schneiden Sie die Nahtzugabe an den Rundungen alle 1,3–1,9 cm ein, ohne durch die Naht zu schneiden.

Nähen Sie steppfußbreit entlang der Kante, lassen Sie aber ein Öffnung von 15,2 cm. Vernähen Sie die Enden.

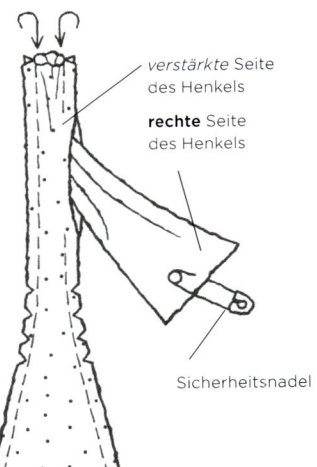

Wenden Sie den Henkel mithilfe der Sicherheitsnadel, die in das Ende einer Stofflage gesteckt wurde, auf **rechts**.

verstärkte Seite des Henkels

rechte Seite des Henkels

Sicherheitsnadel

e. Stülpen Sie die Ecken vorsichtig mit dem Wendewerkzeug aus und bügeln Sie den Henkel flach. Schlagen Sie die Kanten an der Öffnung 1,3 cm nach innen ein und bügeln Sie die Ränder. Stecken Sie die Kanten zusammen.

f. Steppen Sie knappkantig entlang beider Längsseiten des Henkels. Dadurch wird die Öffnung verschlossen und der Henkel erhält ein hübsches Aussehen.

g. Falten Sie die breiten Enden des Henkels mittig zusammen und bügeln Sie an den Bruchkanten jeweils einen Falz.

h. Legen Sie ein Ende des Henkels auf die **linke** Seitenkante der Oberstofftasche. Richten Sie die Falze auf Henkel und Hüfte aneinander aus und legen Sie das Henkelende an die Oberkante des Oberstoff-Blendenstreifens. Stecken Sie alles fest.

i. Platzieren Sie das andere Ende des Henkels auf der rechten Seitenkante und richten Sie wieder Falze und Kanten aus. Achten Sie darauf, den Henkel nicht zu verdrehen, und stecken Sie ihn fest. Heften Sie dann 0,6 cm unterhalb der festgesteckten Kanten.

9 DAS FUTTER DER HAUPTTEILE IN FALTEN LEGEN

a. Falten Sie das erste Futterhauptteil mit den Seitenkanten **links** auf **links** zusammen. Bügeln Sie vorsichtig einen Falz am oberen und unteren Ende der Bruchkante. Stecken Sie ihn entlang der gefalteten Kanten fest.

b. Wiederholen Sie Schritt 4b und 4c, um eine Falte von 2,5 cm Länge zu fixieren. Machen Sie diese Falte sowohl an der Ober- als auch der Unterkante des Hauptteils. Bügeln Sie die Falten flach, sodass der Stoff mittig über der Naht liegt.

c. Wiederholen Sie Schritt 9a und 9b, um die Falte am zweiten Futterhauptteil zu legen.

10 DIE EINSTECKTASCHE ANFERTIGEN UND AM FUTTERHAUPTTEIL BEFESTIGEN

a. Legen Sie die Teile für die Einstecktasche **rechts** auf **rechts** aneinander und stecken Sie die Oberkanten fest. Steppen Sie steppfußbreit entlang der festgesteckten Kante und vernähen Sie die Enden.

b. Wenden Sie die Taschenteile auf **rechts** und bügeln Sie die Oberkante. Steppen Sie diese Kante dann mit einem Abstand von 0,6 cm ab. Vernähen Sie die Fadenenden.

c. Richten Sie die äußeren Rundungen der Einstecktasche aneinander aus und stecken Sie sie fest. Heften Sie 0,6 cm entlang der festgesteckten Kante.

d. Platzieren Sie die Einstecktasche auf der **rechten** Seite eines Futterhauptteils, sodass die äußeren Kanten und die Rundungen aufeinanderliegen, und stecken Sie sie fest. Heften Sie mit einem Abstand von 0,6 cm, um die Einstecktasche zu fixieren.

11 DEN MAGNETVERSCHLUSS AUF DEN FUTTERBLENDEN ANBRINGEN

a. Falten Sie den Futterblendenstreifen in der Mitte zusammen, sodass die kurzen Enden aufeinanderliegen, und bügeln Sie vorsichtig einen Falz an der Bruchkante.

b. Öffnen Sie den Streifen. Legen Sie diesmal die Längsseiten aufeinander und bügeln Sie wieder einen Falz.

c. Öffnen Sie den Stoff. Platzieren Sie den männlichen Teil des Magnetverschlusses auf der **rechten** Seite mittig über der Falzkreuzung. Bringen Sie den Verschluss gemäß der Hinweise des Herstellers an.

d. Wiederholen Sie Schritt 11a bis 11c, um den weiblichen Teil des Magnetverschlusses auf dem zweiten Futterblendenstreifen anzubringen.

12 DIE BLENDENSTREIFEN ANBRINGEN UND DAS FUTTER FERTIGSTELLEN

a. Wiederholen Sie Schritt 5, um die Blendenstreifen des Futterstoffs an den Futterhauptteilen anzubringen.

b. Wiederholen Sie Schritt 6a bis 6c, um die Futterteile zu verbinden. Lassen Sie an der Unterseite 10,2 cm offen, um die Tasche auf **rechts** zu wenden. Lassen Sie vorerst die **linke** Seite außen.

13 DAS FUTTER UND DIE AUSSENSEITE ZUSAMMENFÜGEN

a. Mit der **rechten** Oberstoffseite und der **linken** Futterseite nach außen ziehen Sie das Futter über die Oberstofftasche und stopfen die Henkel zwischen die beiden Lagen.

b. Richten Sie die Oberkanten, Seitennähte und Henkelkanten aneinander aus und stecken Sie fest. Steppen Sie steppfußbreit einmal komplett um die Oberkante herum und vernähen Sie die Enden.

c. Wenden Sie die Tasche auf **rechts**, indem Sie das Äußere durch die Öffnung im Boden nach außen stülpen. Legen Sie das Futter ins Innere der Tasche und die Henkel nach außen.

d. Bügeln Sie die Oberkante. Steppen Sie knappkantig um die gesamte Oberkante herum und vernähen Sie die Enden.

e. Stecken Sie die Blendenstreifen aus Oberstoff und Futter in der Mitte der Hauptteile aneinander fest. Steppen Sie mit einem Abstand von 3,8 cm zur Kantennaht über die Mitte des Blendenstreifens, um das Futter zu fixieren. Vernähen Sie die Enden.

f. Ziehen Sie den Boden aus dem Inneren der Tasche. Schlagen Sie die Kanten an den Öffnungen 1,3 cm nach innen ein und bügeln Sie. Stecken Sie fest und steppen Sie knappkantig entlang der Ränder. Vernähen Sie die Enden. Stecken Sie das Futter wieder in das Innere der Tasche und bügeln Sie.

Ihre Tränentasche ist fertig! Nehmen Sie sie zum Ausgehen, zu einem Tagesausflug oder irgendetwas dazwischen. Stellen Sie Ihren ganz persönlichen Stil zur Schau!

7 Schlüsselbörse

Dieses kleine Schmuckstück ist ein großartiger Zusatz für die *Tränentasche* (S. 79) oder eine eigenständige Geldbörse für Sie selbst oder als Geschenk für jemand anderen. Mit einem Schlüsselhalter und dem hübschen Faltenwurf wird sie zu Ihrer besten Freundin werden. Benutzen Sie dieses Kleinod als Schutzhülle für Handys, als Make-up-Täschchen oder zur Aufbewahrung Ihrer Knöpfe und Perlen. Sie können es natürlich auch machen wie ich und für jede dieser Verwendungsmöglichkeiten eine Tasche anfertigen!

GRÖSSE	14,6 x 14 cm

= =

STOFFE	**Aus 110 cm breitem leichtem bis mittelschwerem Stoff**

- 25 cm eines bedruckten Stoffs für die Oberstoff-Schnittteile
- 15 cm eines passenden Stoffs für die Außenseite
- 35 cm eines weiteren passenden Stoffs für das Futter

ZUSÄTZLICHE MATERIALIEN

- 20 cm von 90 cm breiter fixierbarer Gewebeeinlage
- 1 passender Reißverschluss der Länge 18 cm
- 1 Spule passendes Allzweckgarn
- Schnittmusterbogen 1

Siehe Grundausstattung Werkzeug, die Sie für jedes Projekt brauchen (S. 14).

WERKZEUG

- Reißverschlussfuß für Ihre Nähmaschine

1 DIE SCHNITTMUSTERTEILE ZUSCHNEIDEN

Schneiden Sie folgende Teile anhand des Schnittmusterbogens 1 zu:

• Hauptteil

• Einstecktasche

2 ALLE SCHNITTTEILE AUSSCHNEIDEN

a. Falten Sie zuerst die Stoffe für die Außenseite und das Futter an der Längsseite **links** auf **links** zusammen, sodass die Webkanten* aufeinanderliegen. Bügeln Sie vorsichtig einen Falz in beide Enden der Bruchkante*. Falten Sie die Stoffe auf. Schlagen Sie die Webkanten jeweils 12,7 cm in Richtung der **linken** Stoffseiten ein. Auf diese Weise haben Sie genügend Bruchkanten, um die Hauptteile und Taschenteile auszuschneiden.

Aus bedrucktem Oberstoff

• 2 Schnittteile entlang der Bruchkante*

Aus passendem Oberstoff

b. Übertragen Sie mit einem Lineal und einem Markierstift die folgenden Abmessungen direkt auf eine einlagige **rechte** Stoffseite. Schneiden Sie dann entlang der markierten Linien.

• 2 Blendenstreifen: 14 x 5,1 cm

• 1 Schlaufe: 5,1 x 6,4 cm

Aus Futterstoff

• 2 Hauptteile entlang der Bruchkante

• 2 Teile für die Einstecktasche entlang der Bruchkante

c. Falten Sie den Stoff auf. Messen Sie die Streifen direkt auf der einlagigen **rechten** Stoffseite ab und markieren Sie die Linien. Schneiden Sie dann entlang der Markierungen.

• 2 Blendenstreifen: 14 x 5,1 cm

Aus Gewebeeinlage

d. Verwenden Sie die bereits ausgeschnittenen Teile als Schnittvorlagen in Originalgröße auf der einlagigen Gewebeeinlage.

• 2 Hauptteile

• 1 Einstecktaschenteie

• 2 Blendenstreifen

3 DIE GEWEBEEINLAGE ANBRINGEN

Siehe Seite 182 für Tipps zum Anbringen von Bügeleinlagen und Volumenvlies.

a. Legen Sie die **linke** Stoffseite des Oberstoff-Hauptteils auf die beschichtete Seite des passenden Schnittteils der Gewebeeinlage. Verwenden Sie ein angefeuchtetes Bügeltuch*, um die Einlage festzubügeln. Wenden Sie die Schnittteile und bügeln Sie erneut, damit sich keine Falten bilden.

b. Wiederholen Sie Schritt 3a, um die Einlage auf dem zweiten Hauptteil, beiden Oberstoff-Blendenstreifen und einem Einstecktaschen-Teil anzubringen.

4 DIE FALTE AM OBERSTOFF-HAUPTTEIL LEGEN

a. Falten Sie das erste Oberstoff-Hauptteil in der Mitte, **rechts** auf **rechts**, sodass die Seitenkanten aufeinanderliegen. Bügeln Sie vorsichtig nur an der oberen Kante einen Falz entlang der Bruchkante. Stecken Sie die oberen Kanten zusammen.

b. Steppen Sie 1,3 cm von der gefalteten Kante etwa 2,5 cm nach unten und vernähen Sie das Nahtende.

Abbildung 1

Bügeln Sie die Falte flach, die sich auf der **linken** Stoffseite bildet, sodass sie mittig über der Naht liegt.

Heften Sie mit der Maschine 0,6 cm vom Rand entfernt entlang der Oberkante der Falte.

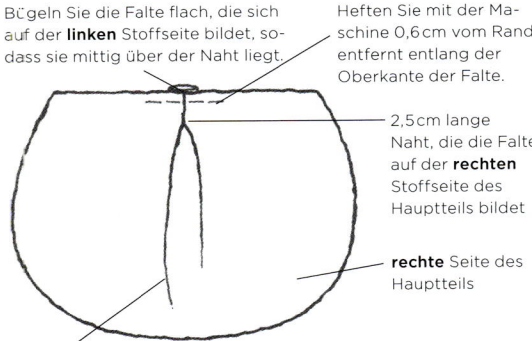

2,5 cm lange Naht, die die Falte auf der **rechten** Stoffseite des Hauptteils bildet

rechte Seite des Hauptteils

Legen Sie die Kanten der Falte auf der **rechten** Seite zusammen und bügeln Sie diese über die gesamte Länge des Hauptteils.

c. Falten Sie das Stoffteil auf. Bügeln Sie die Falte, die sich bildet, auf der **linken** Seite des Gewebes mittig über der Naht flach. Stecken Sie alles mit Stecknadeln fest und heften Sie 0,6 cm unterhalb der oberen Kante, um die Falte zu fixieren.

d. Bügeln Sie die Falte auf der **rechten** Seite des Hauptteils auf der ganzen Länge des Schnittteils. Dadurch erhält die Tasche ihre Form.

e. Wiederholen Sie Schritt 4a bis 4d, um auf dem zweiten Oberstoff-Hauptteil ebenfalls eine Falte in der Mitte der Oberkante zu legen.

5 DIE BLENDENSTREIFEN AN DEN OBERSTOFF-HAUPTTEILEN ANBRINGEN

a. Legen Sie einen Blendenstreifen aus Oberstoff und ein äußeres Hauptteil mit den **rechten** Seiten aneinander.

b. Bügeln Sie die Nahtzugabe* in Richtung des Blendenstreifens. Dann nähen Sie mit Kantenstich* den Blendenstreifen direkt über der Naht an.

c. Wiederholen Sie Schritt 5a und 5b, um die Blendenstreifen aus Oberstoff an den 2 Oberstoff-Hauptteilen zu befestigen.

6 DIE HAUPTTEILE AUS FUTTERSTOFF IN FALTEN LEGEN

a. Falten Sie das erste Hauptteil aus Futterstoff in der Mitte, **rechts** auf **rechts**, sodass die Seitenränder aufeinanderliegen. Bügeln Sie vorsichtig einen Falz an der Bruchkante entlang der oberen und unteren Kanten. Stecken Sie die Kanten fest.

b. Wiederholen Sie Schritt 4b und 4c, um sowohl eine Falte an der oberen als auch der unteren Kante zu bilden. Bügeln Sie die Falten flach, zentrieren Sie den Stoff gleichmäßig auf der Nahtlinie.

c. Wiederholen Sie Schritt 6a und 6b mit dem zweiten Futterhauptteil.

7 DIE BLENDENSTREIFEN AUS FUTTERSTOFF AN DEN FUTTERHAUPTTEILEN ANBRINGEN
Wiederholen Sie Schritt 5, um die Blendenstreifen aus Futterstoff an den Futterhauptteilen zu befestigen.

8 DIE EINSTECKTASCHE NÄHEN UND AM FUTTER BEFESTIGEN

a. Legen Sie die Taschenschnittteile **rechts** auf **rechts** an den Kanten zusammen. Stecken Sie entlang der Oberkante fest. Steppen Sie dann steppfußbreit über die festgesteckte Kante. Vernähen Sie an jedem Ende.

b. Drehen Sie die Einstecktasche auf **rechts** und bügeln Sie entlang der Oberkante. Dann steppen Sie 0,6 cm unterhalb der Kante ab. Vernähen Sie an jedem Ende.

c. Richten Sie die äußeren Rundungen aneinander aus und stecken Sie die Teile ringsherum fest. Heften Sie 0,6 cm unterhalb der abgesteckten Kanten.

d. Legen Sie die Tasche auf die **rechte** Seite des Futterhauptteils, sodass die Seiten und Unterkanten aufeinanderliegen, und stecken Sie alles fest. Heften Sie 0,6 cm von der Kante.

9 DEN REISSVERSCHLUSS ANBRINGEN

a. Setzen Sie den Reißverschluss mit der Vorderseite nach unten auf die **rechte** Seite des ersten Hauptteils, der Reißverschlussgriff 1,3 cm vom Seitenrand des Schnittteils entfernt. Platzieren Sie die lange Kante des Reißverschlussbands 0,6 cm unterhalb der Oberkante des Hauptteils und stecken Sie die Teile fest.

b. Steppen Sie mit dem Reißverschlussfuß Ihrer Maschine 0,3 cm oberhalb der Reißverschlusszähnchen und lassen Sie an beiden kurzen Seiten 1,3 cm Abstand zur Naht. Vernähen Sie die Enden.

c. Legen Sie das erste Futterstoffteil **rechts** auf **rechts** auf das Oberstoffteil, sodass sich der Reißverschluss zwischen den beiden Lagen befindet. Stecken Sie alles entlang der Oberkante fest.

d. Die mit Gewebeeinlage verstärkte Seite des Hauptteils zeigt nach oben. Steppen Sie über die Naht des Reißverschlusses jeweils 1,3 cm von den Seitenrändern entfernt. Vernähen Sie die Nahtenden.

e. Klappen Sie das Futter über den Reißverschluss, sodass die **linken** Stoffseiten der einzelnen Schnittteile passend aufeinander liegen. Stecken Sie alles zusammen. Bügeln Sie die Teile vom Reißverschluss weg und die 1,3 cm langen ungesäumten Kanten an den Enden nach innen.

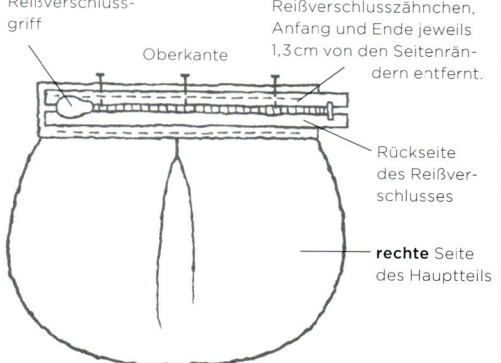

Abbildung 2 Legen Sie den Reißverschluss mit der Oberseite nach unten auf den Stoff, den Rand 0,6 cm von der Oberkante entfernt.

Reißverschlussgriff

Oberkante

Steppen Sie 0,3 cm von den Reißverschlusszähnchen, Anfang und Ende jeweils 1,3 cm von den Seitenrändern entfernt.

Rückseite des Reißverschlusses

rechte Seite des Hauptteils

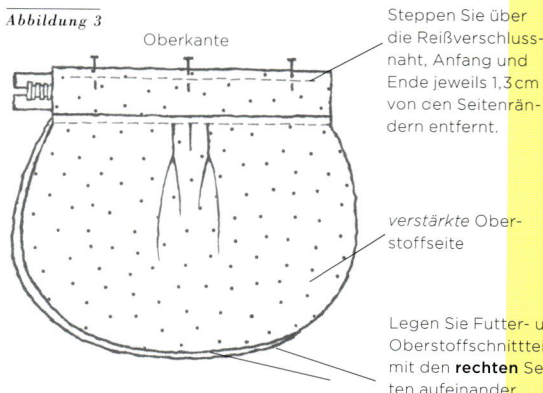

Abbildung 3

Oberkante

Steppen Sie über die Reißverschlussnaht, Anfang und Ende jeweils 1,3 cm von den Seitenrändern entfernt.

verstärkte Oberstoffseite

Legen Sie Futter- und Oberstoffschnittteile mit den **rechten** Seiten aufeinander.

f. Steppen Sie auf der **rechten** Seite des Oberstoffs den Blendenstreifen 0,6 cm von der Kante entfernt ab, Nahtanfang und -ende jeweils 1,3 cm von den Seitenkanten entfernt. Vernähen Sie die Enden.

g. Wiederholen Sie Schritt 9a bis 9f, um die zweiten Oberstoff- und Futterteile an der anderen Seite des Reißverschlusses zu befestigen.

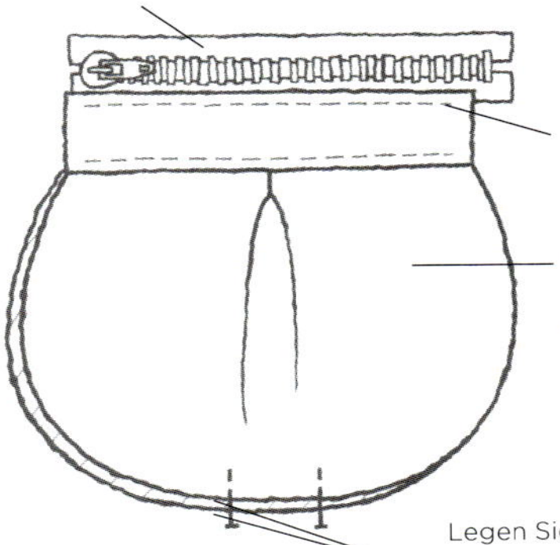

h. Legen Sie die Teile mit den Oberstoffseiten nach oben auf einen flachen Untergrund und breiten Sie die Oberstoff- und Futterteile neben dem Reißverschluss aus. Messen Sie an der unteren Kante des Reißverschlussbands 1,3 cm von den Seitenkanten ab und markieren Sie die Reißverschlusszähnchen. Nähen Sie einen Riegel über die Zähnchen. Ein neues Reißverschlussende entsteht.

i. Mit der Schere kürzen Sie den überschüssigen Reißverschluss, sodass 2,5 cm neben dem Riegel überstehen. Öffnen Sie den Reißverschluss und entfernen Sie die Stecknadeln.

Reißverschlussoberseite

Abbildung 4

Steppen Sie die Oberkante des Oberstoffbands ab, Anfang und Ende der Naht jeweils 1,3 cm von den Seitenkanten entfernt.

rechte Seite des Oberstoff-Hauptteils

Legen Sie die Futter- und Oberstoffteile mit den **linken** Seiten aneinander.

---

10 DIE SCHLAUFE ANFERTIGEN UND AM OBERSTOFF-HAUPTTEIL ANBRINGEN

a. Falten Sie die Schlaufe in der Mitte, **linke** Seiten zusammen, sodass die Schmalseiten aufeinanderliegen. Bügeln Sie eine Bruchkante entlang des Falzes.

b. Öffnen Sie die Schlaufe, schlagen Sie die Schmalseiten bis zur Bruchkante ein und bügeln Sie die Kanten.

c. Legen Sie die Schlaufe wieder an der Bruchkante zusammen, sodass die Ränder eingeschlagen sind, und bügeln Sie wieder. Stecken Sie die gefalteten Kanten fest.

d. Steppen Sie die eingeschlagenen Seiten mit einer Kantennaht fest und vernähen Sie die Enden.

e. Falten Sie die Schlaufe mit den kurzen Seiten zusammen und stecken Sie die Kanten fest.

f. Wählen Sie eines der Oberstoff-Hauptteile aus. Messen Sie an der Seite mit dem Reißverschlussgriff 3,2 cm von der Oberkante des Blendenstreifens nach unten und markieren Sie die Stelle.

g. Platzieren Sie die festgesteckten Enden der Schlaufe bündig mit der Seitenkante des Oberstoff-Hauptteils, direkt unter der Markierung, und stecken Sie alles fest. Heften Sie 0,6 cm vom Rand entfernt, um die Schlaufe zu sichern.

---

11 DIE OBERSTOFF- UND FUTTERTEILE BEFESTIGEN

Lassen Sie den Reißverschluss in diesem Schritt geöffnet, damit Sie die Tasche auf rechts wenden können.

a. Trennen Sie die Oberstoff- und Futterteile. Damit Ihnen das Futter beim Steppen der Oberstoffteile nicht im Weg ist, legen Sie die Futterteile **rechts** auf **rechts** mit den ungesäumten Kanten aufeinander und stecken sie aneinander fest. Falten Sie dann die ungesäumten Kanten der Futterblendenstreifen in Richtung Mitte ein und stecken Sie diese fest.

b. Legen Sie die Oberstoffteile **rechts** auf **rechts** zusammen, sodass sich die Kanten und die Nähte, mit denen die Blendenstreifen befestigt sind, decken. Stecken Sie alles fest. Steppen Sie von einem eingeschlagenen Ende des Reißverschlusses steppfußbreit nach unten zum anderen Ende. Schwenken Sie beim Steppen an der Naht auf dem Blendenstreifen und entlang der Rundung des Hauptteils. Vernähen Sie an den Enden.

c. Stumpfen Sie die Ecken an den Oberkanten der Oberstoffteile innerhalb der Nahtzugabe ab, ohne die Naht einzuschneiden.

d. Kerben Sie die Nahtzugabe nahe der Naht ein, mit der das Oberstoff-Hauptteil an den Blendenstreifen befestigt ist. Achten Sie darauf, nicht durch die Naht zu schneiden. Kürzen Sie die Nahtzugabe auf 0,6 cm entlang der runden Kanten unterhalb der Einkerbungen. Bügeln Sie die Nahtzugabe des Blendenstreifens auf.

e. Entfernen Sie dann die Stecknadeln aus den ungesäumten Oberkanten der Futterteile.

Abbildung 5

Schlagen Sie die ungesäumte 1,3 cm-Kante zur Mitte ein und fixieren Sie sie mit Stecknadeln.

Ecke abstumpfen.

Kerben Sie an beiden Taillenpunkten ein und kürzen Sie die Nahtzugabe der Hauptteile auf 0,6 cm.

Steppen Sie den Blendenstreifen 1,3 cm von der Kante entfernt fest. Schwenken Sie die Tasche und steppen Sie um das Hauptteil herum. Schwenken Sie wieder und steppen Sie entlang des zweiten Hauptteils.

Die **linke** Seite des Futters ist zur Seite gesteckt.

Der Reißverschluss befindet sich zwischen den Schnittteilen.

Ecke abstumpfen.

Am Taillenpunkt einkerben.

verstärkte Seite des Oberstoff-Hauptteils

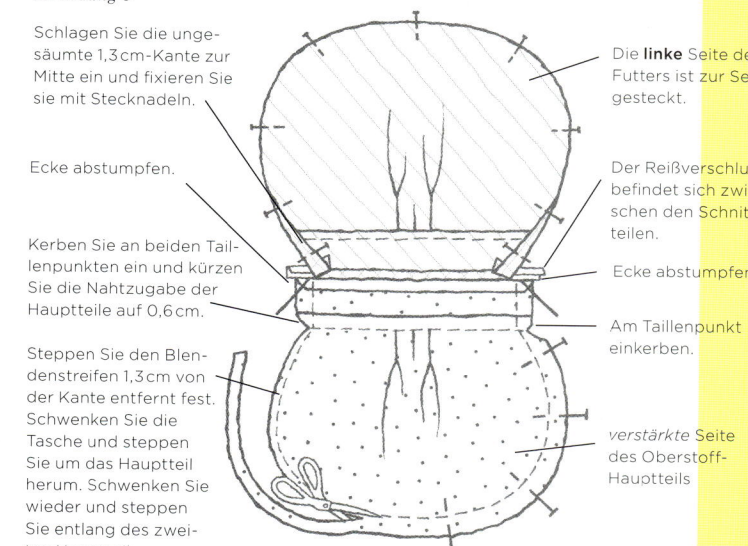

f. Wiederholen Sie Schritt 11b bis 11d, um die Futterteile zu befestigen. Lassen Sie dabei in der Mitte der Unterkante eine Öffnung von 10,2 cm, um die Tasche später auf **rechts** zu drehen.

12 DIE TASCHE FERTIGSTELLEN

a. Stülpen Sie die Tasche durch die Öffnung an der Unterseite des Futters mit der **rechten** Seite nach außen.

b. Lassen Sie die Unterkante des Futters außerhalb der Oberstofftasche. Schlagen Sie jede Seite der Öffnung 1,3 cm in Richtung der **linken** Stoffseite ein und bügeln Sie. Stecken Sie die Ränder zusammen und verschließen Sie dann die Öffnung mit einem Kantenstich. Vernähen Sie die Fadenenden.

c. Schieben Sie das Futter in die Oberstofftasche. Verwenden Sie ein Wendewerkzeug, um die Ecken vorsichtig auszustülpen.

d. Glätten Sie die Futter-und Oberstoff-Blendenstreifen an der Oberkante des Reißverschlusses und stecken Sie diese zusammen. Steppen Sie entlang des seitlichen Saums ab, über den bestehenden Kantenstich. Auf diese Weise wird das Futter fixiert. Vernähen Sie die Enden.

Ihre Schlüsseltasche ist fertig! Jetzt haben Sie Ihre Schlüssel, Münzen und andere wichtige Dinge immer zur Hand und hübsch verpackt!

8

Fransige Hobo-Tasche

Wenn Sie unbedingt einmal zu Hause rausmüssen (sprich: einen Kaffee trinken oder zum Shoppen gehen wollen), dann machen Sie es richtig und nehmen Sie Ihre ganz eigene (stylishe!) Hobo-Tasche mit Fransen mit. Die abgerundete Form dieser Tasche fällt sofort ins Auge und es gibt sie in zwei Größen, mit einem längeren Henkel an der regulären Größe und einem kürzeren Henkel an der größeren Version. Setzen Sie einen Akzent mit einer frechen Quastenborte, die den Rand der Tasche umläuft. Bunkern Sie alles, was Sie für Ihre Abenteuer brauchen, in dem großen Fach, und machen Sie sich auf den Weg.

GRÖSSE	**Kleine Tasche**
	44,5 x 27,9 cm (66,8 cm mit Henkeln), 6,4 cm tief
	Große Tasche
	50,2 cm x 35,6 cm (61 cm mit Henkeln), 6,4 cm tief

===

STOFFE

Aus 110 cm breitem leichtem bis mittelschwerem Gewebe oder 140 cm breitem mittelschwerem Heimdekorstoff

Für die kleine Tasche:

- 100 cm eines bedruckten Stoffs für die Außenseite

- 80 cm eines passenden bedruckten Stoffs für die Blende

- 150 cm eines zweiten passenden bedruckten Stoffs für das Innenfutter

Für die große Tasche:

- 130 cm eines bedruckten Stoffs für die Außenseite

- 80 cm eines passenden bedruckten Stoffs für die Blende

- 150 cm eines zweiten passenden bedruckten Stoffs für das Innenfutter

- -

ZUSÄTZLICHE MATERIALIEN

Für die kleine Tasche:

Bei Verwendung von leichten bis mittelschweren Stoffen

- 175 cm von 90 cm breiter fixierbarer Gewebeeinlage

- 245 cm von 90 cm breitem fixierbarem Volumenvlies

Bei Verwendung eines mittelschweren Heimdekorstoffs

- 150 cm von 90 cm breiter fixierbarer Gewebeeinlage

- 125 cm von 90 cm breitem fixierbarem Volumenvlies

Außerdem, egal für welche Stoffdicke

- 250 cm von 2,5–3,8 cm breitem Quastenband

- 1 Spule passendes Allzweckgarn

ZUSÄTZLICHE MATERIALIEN

Für die große Tasche:

Bei Verwendung eines leichten bis mittelschweren Stoffs

- 200 cm von 90 cm breiter fixierbarer Gewebeeinlage

- 300 cm von 90 cm breitem fixierbarem Volumenvlies

Bei Verwendung eines mittelschweren Heimdekorstoffs

- 170 cm von 90 cm breiter fixierbarer Gewebeeinlage

- 155 cm von 90 cm breitem fixierbarem Volumenvlies

Außerdem, egal für welche Stoffdicke

- 300 cm von 2,5–3,8 cm breitem Quastenband

- 1 Spule passendes Allzweckgarn

- Schnittmusterbogen 6 und 7

Siehe Grundausstattung Werkzeug, die Sie für jedes Projekt brauchen (S. 14).

WERKZEUGE

- Kopierrädchen

- wachsfreies Übertragungspapier

- Reißverschlussfuß für Ihre Nähmaschine

Folgen Sie dieser Anweisung, um die Umhängetasche mit einem langen Henkel und die große Tasche mit einem kurzen Henkel auszustatten.

1 DIE SCHNITTMUSTERTEILE ZUSCHNEIDEN

Schneiden Sie folgende Teile anhand der Schnittmusterbogen 6 und 7 zu:

- Hauptteil
- Einstecktasche
- Blende

2 ALLE STOFFTEILE AUSSCHNEIDEN

a. Falten Sie jeden der Stoffe an der Längsseite **links** auf **links** zusammen, sodass die Webkanten* aufeinanderliegen. Bügeln Sie vorsichtig einen Falz. Falten Sie den Stoff auf. Schlagen Sie die Webkanten bis zum Mittelfalz **links** auf **links** ein. Auf diese Weise haben Sie genügend Bruchkanten*, um die Schnittteile auszuschneiden.

Aus bedrucktem Oberstoff

- 2 Hauptteile an der Bruchkante

b. Öffnen Sie den Stoff. Übertragen Sie die Abmessungen mit Lineal und Markierstift direkt auf eine einzelne Stofflage auf der **rechten** Seite. Dann schneiden Sie entlang der markierten Linien.
- 2 Seitenteile: 9 x 91,5 cm.

Das Seitenteil wird verwendet, um die Seiten und den Boden der Tasche sowie den Henkel anzufertigen.

Aus passendem Oberstoff

- 2 Blenden an der Bruchkante

Aus Futterstoff

- 2 Hauptteile an der Bruchkante
- 4 Einstecktaschen-Teile an der Bruchkante

c. Öffnen Sie den Stoff. Übertragen Sie die Abmessungen mit Lineal und Markierstift direkt auf eine einzelne Stofflage auf der **rechten** Seite. Dann schneiden Sie entlang der markierten Linien.
- 2 Seitenteile: 9 x 91,5 cm.

d. Verwenden Sie die bereits ausgeschnittenen Teile als Muster in Originalgröße, um die Gewebeeinlage und das Volumenvlies zuzuschneiden.

Aus Gewebeeinlage
Bei Verwendung von leichtem bis mittelschwerem Stoff
- 4 Hauptteile
- 2 Blenden
- 4 Seitenteile
- 4 Einstecktaschen-Teile

Bei Verwendung von mittelschwerem Heimdekorstoff

- 4 Hauptteile
- 2 Blenden
- 2 Seitenteile
- 2 Einstecktaschen-Teile

Aus fixierbarem Volumenvlies

Bei Verwendung von leichtem bis mittelschwerem Stoff

- 4 Hauptteile
- 4 Seitenteile

Bei Verwendung von mittelschwerem Heimdekorstoff

- 2 Hauptteile
- 2 Seitenteile

---

3 DIE EINLAGE UND DAS VOLUMENVLIES ANBRINGEN

Siehe Seite 182 für Tipps zum Anbringen von Bügeleinlagen und Volumenvlies.

a. Messen Sie auf der **linken** Stoffseite eines Vlieshauptteils rundherum mit Lineal 1,3 cm ab. Markieren Sie den Abstand und schneiden Sie entlang der markierten Linien. Kürzen Sie die Nahtzugabe* der restlichen Vliese für Haupt- und Seitenteile auf die gleich Weise um 1,3 cm.

b. Legen Sie die **linke** Seite des ersten Oberstoff-Hauptteils auf die beschichtete Seite des passenden Einlagenstücks. Bügeln Sie die Einlage mit einem angefeuchteten Bügeltuch* nach den Anweisungen des Herstellers fest. Wenden Sie die Teile und bügeln Sie erneut, damit sich keine Falten bilden.

c. Zentrieren Sie die beschichtete Seite des entsprechenden Vliesteils auf der verstärkten Seite des ersten Hauptteils. Bügeln Sie das Vlies auf dem Teil fest. Wenden Sie das Teil und bügeln Sie es erneut, damit keine Falten entstehen.

d. Wiederholen Sie Schritt 3b und 3c, um die entsprechenden Einlagen- und Vliesteile auf dem zweiten Oberstoff-Hauptteil und den beiden Oberstoff-Seitenteilen anzubringen.

e. Wiederholen Sie Schritt 3b, um die entsprechenden Einlagenstücke auf die beiden Blenden, die Futterseiten und -hauptteile und alle 4 Einstecktaschen-Teile (oder nur 2 bei Verwendung von mittelschwerem Heimdekorstoff) zu bügeln.

---

4 DIE BLENDEN AM OBERSTOFF-HAUPTTEIL BEFESTIGEN

a. Mit Übertragungspapier und einem Kopierrädchen oder einem Kreidestift übertragen Sie die Positionierlinie für die Blende vom Schnittmuster des Hauptteils auf die **rechte** Seite des jeweiligen Oberstoff-Hauptteils.

b. Verstärken Sie jede Blende 0,6 cm von der gerundeten Kante entfernt mit einer Stütznaht.

c. Platzieren Sie die erste Blende mit der verstärkten Seite nach oben. Falten Sie die äußeren gebogenen Kanten 0,6 cm entlang der Verstärkungsnaht ein und bügeln Sie die Kanten.

d. Legen Sie die verstärkte Seite der Blende auf die **rechte** Seite des ersten Hauptteils, indem Sie die eingefaltete Kante der Blende an der Positionierlinie des Hauptteils ausrichten. Stecken Sie alles fest. Befestigen Sie die festgesteckten Ränder knappkantig und vernähen Sie das Ende.

e. Verstärken Sie mit einer Stütznaht 1cm vom oberen, nach innen gerundeten Rand. Dadurch werden das Hauptteil und die Blende in Position gehalten und die Kanten stabiler.

f. Schneiden Sie die Nahtzugabe alle 1,3–1,9cm entlang der Rundung an der Blende ein. Achten Sie darauf, nicht durch die Naht zu schneiden.

g. Wiederholen Sie Schritt 4b bis 4f, um den zweiten Bügel am zweiten Oberstoff-Hauptteil zu befestigen.

---

5 DIE BORTE AN DEN HAUPTTEILEN ANBRINGEN

a. Legen Sie, beginnend an der oberen Außenkante des ersten Hauptteils, das Band der Quastenborte passend an die gerundete Außenkante an. Führen Sie das Band vorsichtig an der Rundung entlang und stecken Sie es fest, bis Sie die Oberkante auf der anderen Seite erreicht haben. Schneiden Sie die überstehende Borte ab.

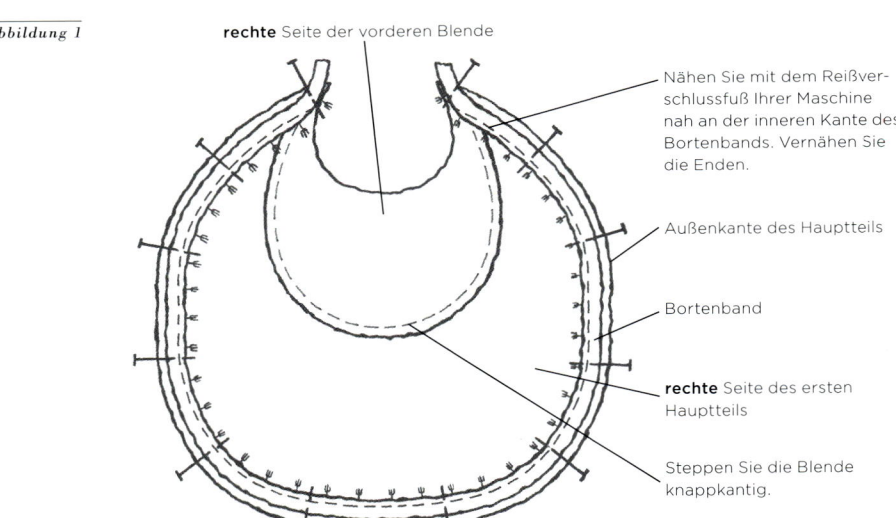

Abbildung 1

rechte Seite der vorderen Blende

Nähen Sie mit dem Reißverschlussfuß Ihrer Maschine nah an der inneren Kante des Bortenbands. Vernähen Sie die Enden.

Außenkante des Hauptteils

Bortenband

rechte Seite des ersten Hauptteils

Steppen Sie die Blende knappkantig.

b. Steppen Sie mithilfe des Reißverschlussfußes Ihrer Nähmaschine nah an der inneren Kante des festgesteckten Bands. Vernähen Sie die Enden.

c. Wiederholen Sie Schritt 5a und 5b, um die Quastenborte am zweiten Hauptteil zu befestigen.

---

6 DIE HAUPT- UND SEITENTEILE ZUSAMMENFÜGEN

a. Legen Sie die beiden Oberstoff-Seitenteile an den ungesäumte Kanten **rechts** auf **rechts** aufeinander. Befestigen Sie die Teile an einer kurzen ungesäumten Seite mit Stecknadeln. Steppen Sie steppfußbreit entlang der zusammengesteckten Kante. Vernähen Sie die Fadenenden an beiden Seiten und bügeln Sie die Nahtzugabe auseinander.

b. Steppen Sie den Saum auf den Seiten, die die Seitenteile verbinden, mit einem Abstand von 0,6 cm zur Kante ab. Vernähen Sie die Enden. Die Naht bildet später die Mitte des Taschenbodens.

c. Falten Sie das erste Hauptteil mittig zusammen, sodass die Längsseiten aufeinanderliegen, und bügeln Sie vorsichtig einen Falz am oberen und unteren Ende der Bruchkante. Auf diese Weise wird die Mitte des Schnittteils markiert.

d. Richten Sie den unteren Mittelfalz des ersten Hauptteils **rechts** auf **rechts** auf der Naht des Seitenteils aus und stecken Sie die Teile fest. Führen Sie die gerundete Kante des Hauptteils vorsichtig am Seitenteil entlang und stecken Sie es Stück für Stück fest.

Abbildung 2

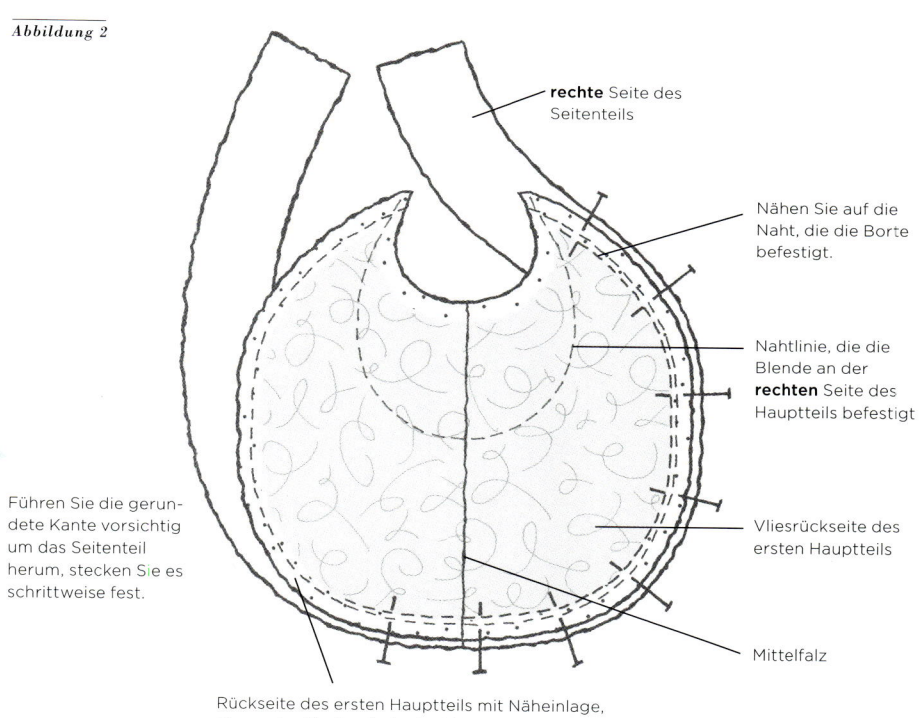

rechte Seite des Seitenteils

Nähen Sie auf die Naht, die die Borte befestigt.

Nahtlinie, die die Blende an der **rechten** Seite des Hauptteils befestigt

Vliesrückseite des ersten Hauptteils

Führen Sie die gerundete Kante vorsichtig um das Seitenteil herum, stecken Sie es schrittweise fest.

Mittelfalz

Rückseite des ersten Hauptteils mit Näheinlage, die an den Kanten freigelegt ist

e. Steppen Sie die Schnittteile zusammen, indem Sie in die Naht nähen, die das Bortenband am Hauptteil befestigt hat. Vernähen Sie die Enden.

f. Wiederholen Sie Schritt 6c bis 6e, um das zweite Hauptteil an den Seitenteilen anzubringen.

g. Verbinden Sie die oberen kurzen Enden der Seitenteile, um den Henkel für die Tasche zu bilden. Legen Sie die 2 kurzen Enden **rechts** auf **rechts** aufeinander und stecken Sie sie fest. Nähen Sie entlang der gesteckten Kante mit einem Abstand von 1,3 cm zur Naht. Vernähen Sie jeweils die Enden und bügeln Sie die Nahtzugabe auseinander. (Siehe Abbildung 3 auf S. 110.)

h. Steppen Sie das Hauptteil auf beiden Seiten der Verbindungsnaht der Seitenteile mit einem Abstand von 0,6 cm ab. Vernähen Sie an jedem Ende.

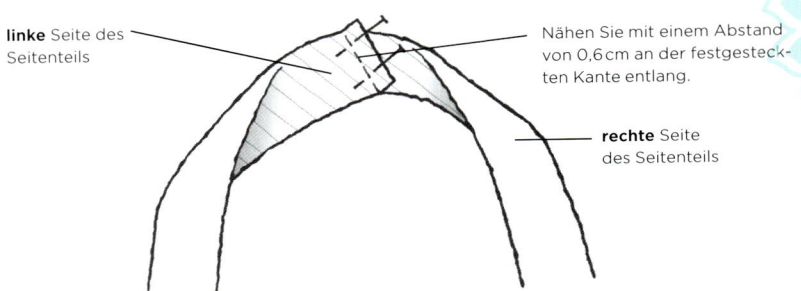

linke Seite des Seitenteils

Nähen Sie mit einem Abstand von 0,6 cm an der festgesteckten Kante entlang.

rechte Seite des Seitenteils

Abbildung 3

7 DIE EINSTECKTASCHEN ANFERTIGEN UND AM FUTTER BEFESTIGEN

a. Legen Sie ein mit Einlage verstärktes und ein unverstärktes Einstecktaschen-Teil **rechts** auf **rechts** aufeinander, sodass die oberen runden Kanten aufeinanderliegen. (Oder, falls Sie leichten bis mittelschweren Stoff verwenden, legen Sie 2 verstärkte Teile aufeinander.) Befestigen Sie diese mit Stecknadeln an der Oberkante und steppen Sie entlang dieser Kante steppfußbreit. Vernähen Sie jeweils die Enden.

b. Schneiden Sie alle 1,3–1,9 cm V-förmige Keile entlang der Rundung aus der Nahtzugabe aus. Achten Sie darauf, nicht in die Naht zu schneiden.

c. Wenden Sie das Einstecktaschen-Teil auf **rechts**, richten Sie die äußeren gerundeten Kanten aneinander aus und stecken Sie diese fest. Bügeln Sie entlang der fertiggestellten inneren Kante.

d. Steppen Sie 1,3 cm unterhalb der gesäumten Kante ab. Vernähen Sie die Kanten. Heften Sie dann mit der Maschine die äußeren Rundungen mit einem Abstand von 0,6 cm.

e. Legen Sie die Einstecktasche auf die **rechte** Seite eines der Futterhauptteile und richten Sie die äußeren runden Kanten aneinander aus. Stecken Sie alles zusammen und heften dann mit der Maschine.

f. Wiederholen Sie Schritt 7 a bis 7 e, um die zweite Einstecktasche am zweiten Futterhauptteil anzubringen.

8 VERBINDEN SIE DIE FUTTERHAUPTTEILE UND DIE SEITENTEILE

a. Wiederholen Sie Schritt 6 a bis 6 d, um ein Futterseitenteil zu erstellen und es am Futterhauptteil festzustecken.

b. Steppen Sie mit einem Abstand von 1,6 cm entlang der zusammengesteckten Kanten, um die Futterhaupt- und -seitenteile zu verbinden. *Durch die größere Nahtzugabe passt das Futter leichter in die Tasche.*

c. Wiederholen Sie Schritt 6 c und 6 d sowie Schritt 8 a, um das zweite Futterhauptteil an der freien Kante des Futterseitenteils anzubringen.

d. Wiederholen Sie Schritt 6 g und 6 h, um die kurzen Enden des Futterseitenteils zu verbinden.

9 FUTTER UND OBERSTOFF DER TASCHE ZUSAMMENFÜGEN

a. Stülpen Sie die Futtertasche über die Oberstofftasche – die Oberstofftasche mit der **rechten** Seite nach außen, die Futtertasche mit der **linken** Seite nach außen – und richten Sie die Seitennähte aneinander aus. Stecken Sie die Taschen auf einer Seite an der Rundung entlang der Taschenöffnung und dem Henkel zusammen. Steppen Sie an dieser Kante mit einem Abstand von 1,3 cm und vernähen Sie die Enden.

Abbildung 4

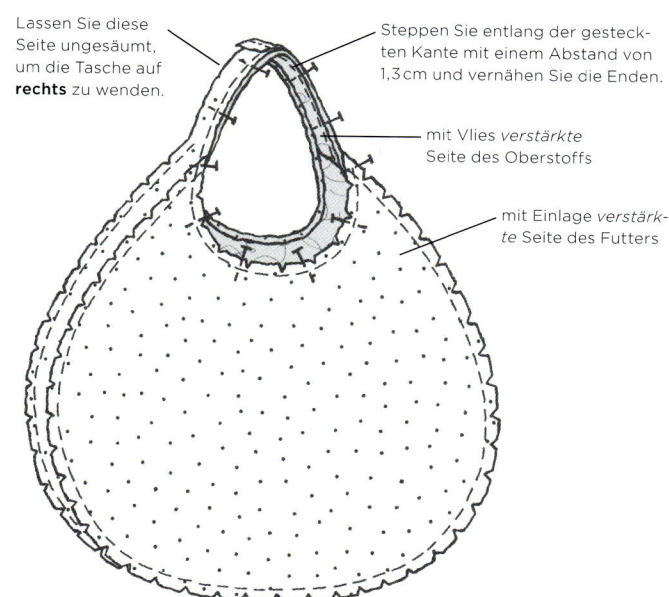

Lassen Sie diese Seite ungesäumt, um die Tasche auf **rechts** zu wenden.

Steppen Sie entlang der gesteckten Kante mit einem Abstand von 1,3 cm und vernähen Sie die Enden.

mit Vlies *verstärkte* Seite des Oberstoffs

mit Einlage *verstärkte* Seite des Futters

b. Wenden Sie die Tasche durch die Öffnung zwischen den Oberstoff- und Futterhenkeln auf **rechts**. Stecken Sie das Futter in das Innere der Tasche und stülpen Sie alle Ecken aus. Bügeln Sie die gesamte Tasche.

c. Schlagen Sie die andere nach innen gerundete Kante und die Längskante des Henkels 1,3 cm nach innen in Richtung Gewebeeinlage und stecken Sie die Teile fest. Schlagen Sie erneut 1,3 cm am Oberstoff und Futter der Tasche ein. Stecken Sie die eingeschlagenen Kanten zusammen.

d. Steppen Sie cie festgesteckten Ränder knappkantig und vernähen Sie die Enden. Verstärken Sie die gesäumte Kante rund um die andere Henkelseite mit einem Kantenstich. Vernähen Sie die Enden.

Ihre Tasche ist fertig! Nehmen Sie Ihre Hobo-Tasche mit an den Strand, zum Markt oder zu einem Bummel durch die Stadt.

9

Blumige Handtasche/ Schultertasche

Unglaubliche Linien und Details machen dieses semisofte Tasche zu einem echten Publikumshit. Egal, ob als Handtasche oder Umhänge- tasche – Sie entscheiden –, sie bietet sowohl viel Platz als auch ein stylishes Aussehen. Mehrere Fächer im Inneren des großen Haupt- fachs halten alles an seinem Platz. (Nur Ihre nähbegeisterten Freunde werden Ihnen glauben, dass Sie sie selbst gemacht haben.)

GRÖSSE	**Handtasche** 35,6 cm (über die Klappe)/38,1 cm (über den Boden) x 21 cm (35 cm mit kurzen Henkeln), 15,2 cm tief **Umhängetasche** 35,6 cm (über die Klappe)/38,1 cm (über den Boden) x 21 cm (45,1 cm mit langen Henkeln), 15,2 cm tief

= =

STOFFE

- 120 cm eines 140 cm breiten mittelschweren, bedruckten Heimdekorstoffs als Oberstoff

- 70 cm eines 140 cm breiten passenden mittelschweren, bedruckten Heimdekorstoffs für das Futter

- 80 cm eines 110 cm breiten, leichten bis mittelschweren passenden steifen Stoffs für die Unterteilungen

---

ZUSÄTZLICHE MATERIALIEN

- 155 cm von 90 cm breiter fixierbarer Gewebeeinlage

- 110 cm von 90 cm breiter stabiler Näheinlage

- 1 passender Reißverschluss der Länge 30,5 cm

- 1 Magnetverschluss, Ø 19 mm

- 1 Spule passendes Allzweckgarn

- Schnittmusterbogen 1

Siehe Grundausstattung Werkzeug, die Sie für jedes Projekt brauchen (S. 14).

WERKZEUGE

- Kreppband

- Marker

- Handnähnadel

- Sicherheitsnadel

- Reißverschlussfuß für Ihre Nähmaschine

Folgen Sie dieser Anweisung bei jeder Henkelgröße. Die unterschiedlichen Maße sind im jeweiligen Schritt angegeben.

1 DIE SCHNITTMUSTERTEILE AUSSCHNEIDEN

Schneiden Sie folgende Teile anhand des Schnittmusterbogens 1 zu:

- Hauptteil
- Unterteilung
- Klappe
- Henkelhalterung
- Seitenteil

2 ALLE STOFFTEILE AUSSCHNEIDEN

Tipp: Schreiben Sie die Namen der einzelnen Schnittteile mit Markierstift auf Kreppband und befestigen Sie es auf dem jeweiligen Teil, um sie auseinanderzuhalten.

a. Falten Sie die Stoffe jeweils an der Längsseite **links** auf **links** zusammen, sodass die Webkanten* aufeinanderliegen. Bügeln Sie vorsichtig eine Bruchkante. Falten Sie den Stoff auf und schlagen Sie die Webkanten 23 cm **links** auf **links** nach innen ein. Auf diese Weise haben Sie genügend Bruchkanten*, um die Schnittteile auszuschneiden.

Aus Oberstoff

- 2 Hauptteile an der Bruchkante
- 2 Klappen an der Bruchkante
- 2 Seitenteile an der Bruchkante
- 4 Henkelhalterungen

b. Öffnen Sie den Stoff. Übertragen Sie die Abmessungen mit Lineal und Markierstift direkt auf eine einzelne Stofflage auf der **rechten** Seite. Schneiden Sie entlang der markierten Linien.

- 1 Bodenteil: 11,4 x 40,6 cm
- 4 Riegelstreifen: 5,1 x 6,4 cm
- 4 Schlaufen: 5,1 x 16,5 cm
- 2 kurze Henkel für die Handtasche: 11,4 x 55,9 cm

ODER

- 2 lange Henkel für die Umhängetasche: 11,4 x 76,2 cm

Aus Futterstoff

- 2 Hauptteile an der Bruchkante
- 2 Seitenteile an der Bruchkante

c. Öffnen Sie den Stoff. Übertragen Sie die Abmessungen mit Lineal und Markierstift direkt auf eine einzelne Stofflage auf der **rechten** Seite. Dann schneiden Sie entlang der markierten Linien.

- 1 Bodenteil: 11,4 x 40,6 cm

Aus leichtem bis mittelschwerem steifen Stoff

- 8 Unterteilungen an der Bruchkante

d. Verwenden Sie die bereits ausgeschnittenen Teile als Muster in Originalgröße, um die Gewebeeinlage und die stabile Näheinlage zuzuschneiden.

Aus Gewebeeinlage

- 2 Hauptteile
- 2 Klappen
- 2 Seitenteile
- 4 Unterteilungen
- 4 Henkelhalterungen
- 1 Bodenteil
- 4 Henkelschlaufen
- 2 Henkel

Aus Näheinlage

- 2 Hauptteile
- 2 Klappen
- 2 Seitenteile
- 4 Unterteilungen

e. Markieren Sie auf den Haupt- und Seitenteilen, der Klappe und allen 4 Unterteilungen aus Näheinlage entlang der Außenkanten mit Lineal und Markierstift eine 1,3-cm-Nahtzugabe. Schneiden Sie entlang dieser Linie jeweils um das gesamte Schnittteil. Dadurch wird die Stoffmasse in den Nahtzugaben verringert.

f. Übertragen Sie die Abmessungen mit Lineal und Markierstift direkt auf die Näheinlage. Schneiden Sie dann entlang der markierten Linien.
- 1 Bodenteil: 8,9 x 38,1 cm
- 2 kurze Henkeleinlagen: 2,9 x 53,3 cm

ODER
- 2 lange Henkeleinlagen: 2,9 x 73,7 cm

3 DIE EINLAGEN ANBRINGEN

Siehe Seite 182 für Tipps zum Anbringen von Bügeleinlagen und Volumenvlies.

a. Zentrieren Sie das Hauptteil aus Näheinlage auf der **linken** Seite des ersten Oberstoff-Hauptteils, sodass an den Rändern 1,3 cm des Stoffs überstehen.

b. Legen Sie die beschichtete Seite des Hauptteils aus Gewebeeinlage auf die Näheinlage. Bügeln Sie sie mit einem feuchten Bügeltuch* fest, sodass die Kanten versiegelt sind und die Einlage gesichert ist. Wenden Sie das Teil und bügeln Sie es erneut, damit sich keine Falten bilden.

c. Wiederholen Sie Schritt 3a und 3b, um die Näh- und die Gewebeeinlage am zweiten Hauptteil, den Seitenteilen, dem Bodenteil, den 4 Unterteilungen und einer der Klappen anzubringen.

d. Legen Sie das zweite Einlagenteil für die Klappe mit der beschichteten Seite auf die **linke** Seite des entsprechenden Oberstoffteils. Richten Sie die Kanten aneinander aus und bügeln Sie alles fest. Aus diesem Teil entsteht die Futterklappe.

e. Wiederholen Sie Schritt 3d, um die Einlagenteile von beiden Henkeln, den Henkelhalterungen und Henkelschlaufen an den jeweiligen Oberstoffteilen anzubringen.

4 DEN MAGNETVERSCHLUSS BEFESTIGEN

a. Falten Sie die Futterklappe **rechts** auf **rechts** in der Mitte zusammen, sodass die Seitenkanten aufeinanderliegen. Bügeln Sie vorsichtig einen Falz entlang der Bruchkante. Öffnen Sie die Klappe.

b. Messen Sie von der mittleren Rundung 3,8 cm entlang dem Mittelfalz und markieren Sie die Stelle.

c. Zentrieren Sie den männlichen Teil des Magnetverschlusses auf dem Mittelfalz oberhalb der Markierung und bringen Sie ihn gemäß der Hinweise des Herstellers an.

d. Wiederholen Sie Schritt 4a, um die Mitte der Außenklappe zu markieren.

e. Messen Sie auf der Außenklappe auf der **rechten** Stoffseite 8,9 cm von der Oberkante ab und markieren Sie wieder auf dem Mittelfalz.

f. Legen Sie den weiblichen Teil des Magnetverschlusses mittig auf den Mittelfalz, unterhalb der 8,9-cm-Markierung, und bringen Sie ihn an.

5 DIE HENKELHALTERUNGEN ANFERTIGEN UND AN DEN OBERSTOFF-HAUPTTEILEN BEFESTIGEN

a. Falten Sie die Futterklappe in der Mitte, **rechts** auf **rechts**, an den Seitenrändern zusammen. Bügeln Sie vorsichtig einen Falz entlang der gefalteten Kante. Öffnen Sie die Klappe.

b. Steppen Sie jede gefaltete Kante im Abstand von 1 cm ab und vernähen Sie die Enden.

c. Schlagen Sie die Oberkante 2,5 cm in Richtung der **linken** Stoffseite und stecken Sie sie fest.

d. Setzen Sie die Halterung an der **rechten** Seite des vorderen Oberstoff-Hauptteils auf die Unterkante. Die Außenkante der Halterung soll dabei einen Abstand von 3,2 cm zur rechten Außenkante des Hauptteils haben. Stecken Sie die Halterung fest.

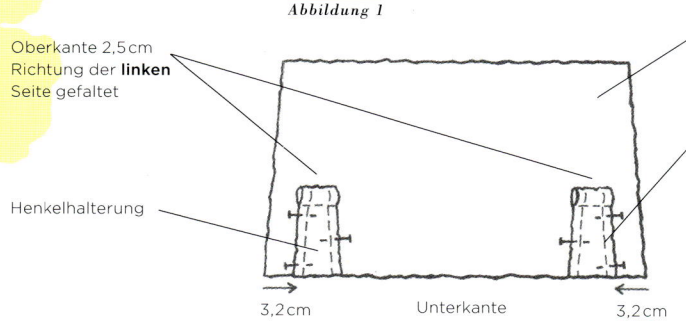

Abbildung 1

Oberkante 2,5 cm Richtung der **linken** Seite gefaltet

Henkelhalterung

rechte Seite des Oberstoff-Hauptteils

Steppen Sie knappkantig entlang der Seitenkante bis 1,9 cm unterhalb der Oberkante. Schwenken Sie den Stoff und steppen Sie mit einem Abstand von 1,9 cm von der oberen eingeschlagenen Kante; schwenken Sie erneut und steppen Sie knappkantig an der anderen Seite nach unten.

3,2 cm   Unterkante   3,2 cm

e. Beginnend an der Unterkante der Halterung, steppen Sie knappkantig entlang der Seitenkante bis 1,9 cm unterhalb der Oberkante. Drehen Sie den Stoff und steppen Sie mit einem Abstand von 1,9 cm von der oberen eingeschlagenen Kante; drehen Sie erneut und steppen Sie knappkantig an der anderen Seite nach unten. Vernähen Sie an jedem Ende.

f. Wiederholen Sie Schritt 5a bis 5e, um die zweite Halterung anzufertigen und an der **linken** unteren Ecke des vorderen Oberstoff-Hauptteils anzubringen. Befestigen Sie dann die verbleibenden 2 Halterungen an der Unterkante des hinteren Hauptteils.

6 FERTIGEN SIE DIE HENKEL AN

a. Falten Sie den ersten Henkel **links** auf **links** an den Längsseiten zusammen und bügeln Sie einen Falz.

b. Schlagen Sie den Henkel auf und klappen Sie die Längsseiten bis zum Mittelfalz ein. Bügeln Sie den Henkel.

c. Stecken Sie eine Näheinlage für Henkel unter eine der eingeschlagenen Kanten, sodass an den Enden der Einlage jeweils noch 1,3 cm Henkelstoff überstehen.

d. Falten Sie den Henkel wieder am Mittelfalz zusammen, sodass die eingeschlagenen Kanten aufeinanderliegen. Bügeln Sie den Henkel und stecken Sie die Kanten fest.

e. Steppen Sie den Henkel an beiden Seitenkanten knappkantig ab und vernähen Sie die Enden.

f. Wiederholen Sie Schritt 6a bis 6e, um den zweiten Henkel anzufertigen.

7 DIE HENKELSCHLAUFEN VORBEREITEN

Wiederholen Sie Schritt 6a, 6b, 6d und 6e, um die 4 Henkelschlaufen herzustellen.

8 DIE SCHLAUFEN DURCH DIE HENKELHALTERUNGEN FÜHREN

a. Stecken Sie eine Sicherheitsnadel in das eine Ende der ersten Schlaufe.

b. Ziehen Sie die Schlaufe durch eine Halterung und richten Sie sie mittig aus. Entfernen Sie die Sicherheitsnadel.

c. Wiederholen Sie Schritt 8a und 8b, um die anderen 3 Schlaufen durch die 3 verbleibenden Halterungen zu ziehen.

9 DIE HENKEL UND SCHLAUFEN AN DEN HAUPTTEILEN ANBRINGEN

a. Legen Sie die Enden der ersten Schlaufe aufeinander und legen Sie diese so auf das Ende eines Henkels, dass sie 1,3 cm übersteht. Achten Sie darauf, die Schlaufe nicht zu verdrehen. Stecken Sie die Enden fest. Steppen Sie über die Enden von Schlaufe und Henkel und vernähen Sie die Enden (siehe Abbildung 2).

b. Kürzen Sie das ungesäumte Ende der Schlaufe auf 0,3 cm.

c. Legen Sie dieses Henkelende mit einem Abstand von 3,2 cm zur eingeschlagenen Oberkante der Halterung auf das Hauptteil. Stecken Sie alles fest. Um die Schlaufe an Ort und Stelle zu sichern und die ungesäumten Kanten zu verbergen, nähen Sie mit einem festen, breiten Zickzackstich über das Ende der Schlaufe. Vernähen Sie die Nahtenden.

d. Wiederholen Sie Schritt 9a bis 9c, um das andere Ende des Henkels an der Schlaufe auf der gegenüberliegenden Seite des gleichen Hauptteils anzubringen. Achten Sie darauf, den Henkel nicht zu verdrehen.

e. Wiederholen Sie Schritt 9a bis 9d, um den zweiten Henkel an den verbleibenden Schlaufen des zweiten Hauptteils anzubringen.

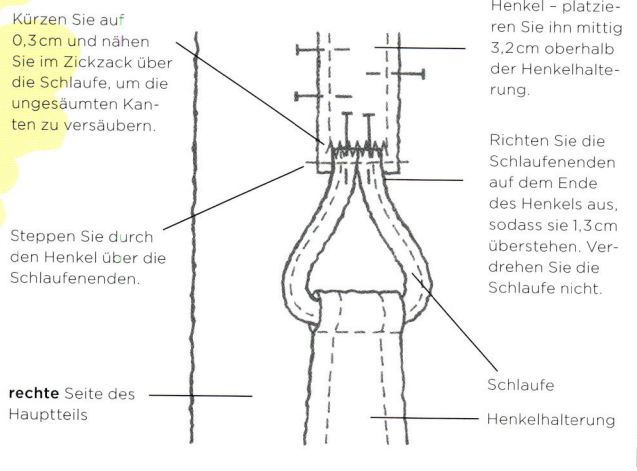

Kürzen Sie auf 0,3 cm und nähen Sie im Zickzack über die Schlaufe, um die ungesäumten Kanten zu versäubern.

Steppen Sie durch den Henkel über die Schlaufenenden.

rechte Seite des Hauptteils

Henkel – platzieren Sie ihn mittig 3,2 cm oberhalb der Henkelhalterung.

Richten Sie die Schlaufenenden auf dem Ende des Henkels aus, sodass sie 1,3 cm überstehen. Verdrehen Sie die Schlaufe nicht.

Schlaufe

Henkelhalterung

Abbildung 2

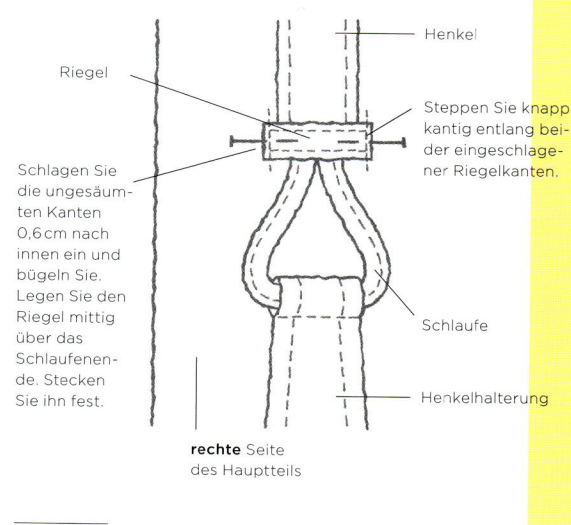

Riegel

Schlagen Sie die ungesäumten Kanten 0,6 cm nach innen ein und bügeln Sie. Legen Sie den Riegel mittig über das Schlaufenende. Stecken Sie ihn fest.

rechte Seite des Hauptteils

Henkel

Steppen Sie knappkantig entlang beider eingeschlagener Riegelkanten.

Schlaufe

Henkelhalterung

Abbildung 3

10 DIE RIEGEL BEFESTIGEN

a. Wiederholen Sie Schritt 6a, 6b, 6d und 6e für die Riegelstreifen, mit denen Sie die Naht zwischen Schlaufe und Henkel verdecken.

b. Falten Sie beim ersten Riegelstreifen die ungesäumten Kanten jeweils 0,6 cm nach innen und bügeln Sie die Seiten.

c. Richten Sie den Riegel mittig über der Naht zwischen Henkel und Schlaufe aus und stecken Sie ihn fest.

d. Befestigen Sie den Riegel mit einem Kantenstich entlang beider eingeschlagener Kanten. Vernähen Sie die Nahtenden.

e. Wiederholen Sie Schritt 10b bis 10d, um die anderen 3 Riegelstreifen über der Naht zwischen Henkel und Schlaufe zu befestigen.

11 DIE OBERSTOFFTASCHE ZUSAMMENFÜGEN

a. Legen Sie die untere Kante des vorderen Hauptteils und eine Längskante des Bodenteils **rechts** auf **rechts** zusammen und stecken Sie sie fest. Nähen Sie steppfußbreit über den zusammengesteckten Saum und vernähen Sie an jedem Ende. Bügeln Sie die Nahtzugaben in Richtung des Bodenteils.

b. Wiederholen Sie Schritt 11a, um das hintere Hauptteil an der anderen Längsseite des Bodenteils zu befestigen.

c. Legen Sie die Seitenkanten des ersten Seitenteils **rechts** auf **rechts** mit den Haupt- und Bodenteilen zusammen, ausgerichtet an den Oberkanten. Stecken Sie die Teile zusammen und führen Sie das Hauptteil vorsichtig um die Rundung des Seitenteils. Nähen Sie steppfußbreit entlang der zusammengesteckten Kanten, Anfangs- und Endpunkt jeweils an der Oberkante des Hauptteils. Vernähen Sie an jedem Ende.

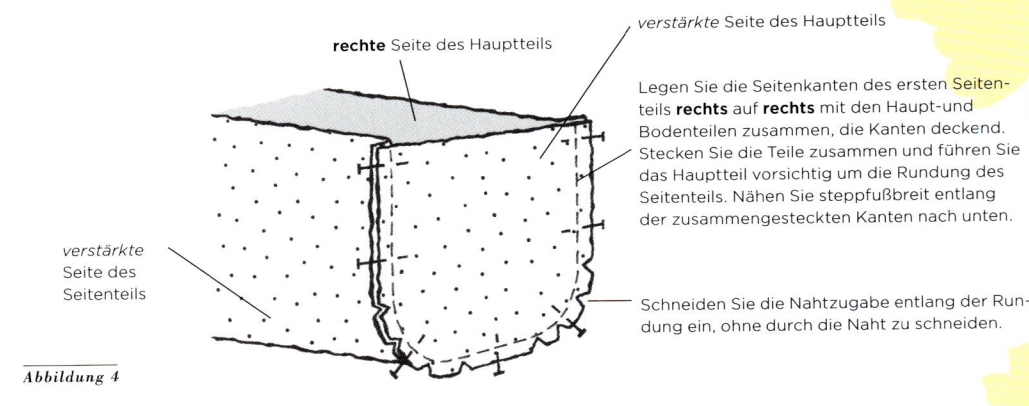

rechte Seite des Hauptteils

verstärkte Seite des Hauptteils

Legen Sie die Seitenkanten des ersten Seitenteils **rechts** auf **rechts** mit den Haupt-und Bodenteilen zusammen, die Kanten deckend. Stecken Sie die Teile zusammen und führen Sie das Hauptteil vorsichtig um die Rundung des Seitenteils. Nähen Sie steppfußbreit entlang der zusammengesteckten Kanten nach unten.

verstärkte Seite des Seitenteils

Schneiden Sie die Nahtzugabe entlang der Rundung ein, ohne durch die Naht zu schneiden.

Abbildung 4

d. Wiederholen Sie Schritt 11c, um das zweite Seitenteil an den verbleibenden Seitenkanten von Haupt- und Bodenteil anzunähen.

e. Schneiden Sie die Nahtzugabe entlang der gerundeten Kanten ein. Achten Sie darauf, nicht durch die Naht zu schneiden.

Legen Sie die Oberstofftasche beiseite.

---

12 DIE KLAPPE ANFERTIGEN

a. Legen Sie die Klappen aus Ober- und Futterstoff an den Kanten **rechts** auf **rechts** zusammen und fixieren Sie alles mit Stecknadeln.

b. Steppen Sie steppfußbreit entlang der festgesteckten Kanten, lassen Sie aber an der langen geraden Kante der Klappe 20,3 cm ungesäumt. Vernähen Sie die Nahtenden.

c. Stumpfen Sie die Ecken innerhalb der Nahtzugabe ab, achten Sie aber darauf, nicht durch die Naht zu schneiden. Kürzen Sie die Nahtzugabe dann an den abgerundeten Ecken und der vorderen Rundung auf 0,6 cm.

d. Schneiden Sie die Nahtzugabe an den Rundungen alle 1,3 cm–1,9 cm ein, damit die Klappe nach dem Wenden flach aufliegt.

e. Wenden Sie die Klappe auf **rechts**, stülpen Sie die Ecken vorsichtig mit einem Wendewerkzeug aus und bügeln Sie.

f. Falten Sie die beiden Seiten der Öffnung 1,3 cm nach innen und bügeln Sie die Kanten. Stecken Sie die Säume aneinander und steppen Sie die Klappe knappkantig mit einem Abstand von 0,3 cm, beginnend an der gesäumten Kante, einmal rundherum. Dadurch wird die Öffnung verschlossen und die Wattierung fixiert. Legen Sie die Klappe beiseite.

13 DIE FUTTERTASCHE HERSTELLEN

Wiederholen Sie Schritt 11a bis 11e, um die Futtertasche herzustellen.

14 DAS INNENFUTTER AN DER AUSSENSEITE ANBRINGEN

a. Stülpen Sie die Futtertasche über die Oberstofftasche – die Oberstofftasche mit der **rechten** Seite nach außen, die Futtertasche mit der **linken** Seite nach außen – und richten Sie die Seitennähte aneinander aus. Stecken Sie die Henkel zwischen beide Lagen und stecken Sie diese fest.

b. Steppen Sie mit einem Abstand von 1,3 cm entlang der Oberkante, lassen Sie aber 25,4 cm am hinteren Hauptteil ungesäumt. Vernähen Sie die Enden.

c. Wenden Sie die Tasche durch die Öffnung am hinteren Hauptteil auf **rechts**. Stecken Sie das Futter in das Innere der Tasche. Stülpen Sie die Nähte vorsichtig aus und bügeln Sie entlang der Oberkante. Vernähen Sie die Enden.

d. Schlagen Sie an der Öffnung beide Kanten 1,3 cm nach innen um und bügeln Sie. Stecken Sie die Säume fest. Steppen Sie die Oberkante rundherum knappkantig und vernähen Sie die Nahtenden.

15 DIE KLAPPE AN DER TASCHENRÜCKSEITE BEFESTIGEN

a. Messen Sie mit einem Lineal auf der Oberstoffseite der Klappe von jeder Seitenkante 3,8 cm an der Oberkante nach innen und markieren Sie die Punkte mit einem Markierstift.

b. Auf der Rückseite der Tasche messen Sie von der Oberkante entlang der Seitenkanten 1,9 cm nach unten und markieren die Punkte. Verbinden Sie die Markierungen mit dem Lineal.

c. Richten Sie die gerade Kante der Klappe mittig auf der Verbindungslinie aus und stecken Sie sie fest.

d. Steppen Sie zwischen den beiden Markierungen auf der Klappe (3,8 cm vom Seitenrand) ab, indem Sie über die bestehende Naht stechen. Vernähen Sie die Enden.

e. Setzen Sie mit einem Abstand von 1 cm eine zweite Absteppnaht zwischen den Markierungen, Steppen Sie 1 cm unterhalb der zweiten Naht ein drittes Mal ab, sodass Sie die Oberkante der Klappe mit einschließen. Vernähen Sie die Enden.

Legen Sie die Tasche beiseite.

16 DIE UNTERTEILUNGEN ANFERTIGEN

a. Legen Sie eine Unterteilung mit und eine ohne Einlage **rechts** auf **rechts** aufeinander, sodass sich die Kanten decken. Stecken Sie die Teile fest.

b. Steppen Sie die Teile steppfußbreit entlang der Kanten zusammen, lassen Sie aber an der Unterkante eine Öffnung von 25,4 cm. Vernähen Sie die Fadenenden.

c. Stumpfen Sie alle Ecken in der Nahtzugabe ab, achten Sie aber darauf, nicht durch die Naht zu schneiden.

d. Wenden Sie die Unterteilung durch die Öffnung auf **rechts**. Stülpen Sie die Ecken vorsichtig mit einem Wendewerkzeug aus und bügeln Sie das Teil flach. Schlagen Sie die Kanten an der Öffnung 1,3 cm nach innen und bügeln Sie den Saum. Schließen Sie die Öffnung mit Stecknadeln. Sie wird in Schritt 16g zugenäht.

e. Wiederholen Sie Schritt 16a bis 16d, um eine zweite Unterteilung anzufertigen.

f. Fügen Sie die beiden Unterteilungen aneinander. Richten Sie die Kanten aneinander aus und stecken Sie diese fest.

g. Steppen Sie die Unterteilungen an den gesäumten Kanten knappkantig zusammen, an den Seitenkanten nach unten und entlang der Unterkante. Vernähen Sie die Fadenenden. Damit haben Sie die erste Unterteilung fertiggestellt. Legen Sie dieses Teil beiseite, während Sie ein zweites mit Reißverschluss anfertigen.

h. Platzieren Sie den Reißverschluss **rechts** auf **rechts** auf der verstärkten dritten Unterteilung, sodass die Oberkante des Reißverschlussbands 0,6 cm unterhalb der Oberkante der Unterteilung liegt. Richten Sie den Reißverschlussgriff mit einem Abstand von 1,3 cm von der Seitenkante aus und stecken Sie ihn fest. Falten Sie das Ende des Bands um, sodass es an den Reißverschlussenden rechtwinklig zur Oberkante der Unterteilung liegt.

i. Steppen Sie mit dem Reißverschlussfuß Ihrer Maschine 0,3 cm von den Zähnchen entfernt. Vernähen Sie die Fadenenden.

j. Legen Sie dieses Unterteilungsstück und eines ohne Einlage mit den **rechten** Seiten aufeinander, sodass die Kanten aufeinanderliegen, und stecken Sie die Teile fest. Der Reißverschluss liegt zwischen den beiden Teilen. Steppen Sie auf der verstärkten Unterteilung steppfußbreit entlang der Kanten, lassen Sie dabei aber an der Mitte der Unterkante 25,4 cm ungesäumt. Vernähen Sie die Nahtenden.

k. Stumpfen Sie die Ecken innerhalb der Nahtzugabe ab, achten Sie aber darauf, nicht durch die Naht zu schneiden.

l. Wenden Sie die Unterteilung auf **rechts** und ziehen Sie den Reißverschluss durch die Öffnung. Stülpen Sie die Ecken vorsichtig mit einem Wendewerkzeug aus und bügeln Sie die Unterteilung glatt. Schlagen Sie die Kanten an der Öffnung 1,3 cm nach innen ein, bügeln Sie die Öffnung und schließen Sie diese mit Stecknadeln. In Schritt 16o nähen Sie die Öffnung zu.

m. Wiederholen Sie Schritt 16h bis 16l, um die 2 verbleibenden Unterteilungsstücke anzufertigen und an der anderen Längskante des Reißverschlusses anzubringen.

n. Fügen Sie beide Unterteilungsstücke zusammen, sodass die **rechte** Seite des Reißverschlusses auf der äußeren Oberkante liegt. Stecken Sie die Teile an den Seiten nach unten und entlang der Unterkante der Unterteilung fest.

o. Steppen Sie knappkantig an den Seitenkanten nach unten und entlang der Unterkanten. Vernähen Sie die Naht an den Enden.

17 DIE UNTERTEILUNGEN IM INNEREN DER TASCHE ANBRINGEN

a. Messen Sie auf einem der Oberstoff-Seitenteile an der Oberkante 4,4 cm sowohl von der Vorder- als auch der Rücknaht nach innen ab und markieren Sie diese Punkte. Wiederholen Sie den Vorgang, um die gleichen Abmessungen auf dem zweiten Seitenteil zu markieren. Sie werden die Unterteilung ohne Reißverschluss zwischen den vorderen Markierungen und die Reißverschluss-Unterteilung zwischen den hinteren befestigen.

Abbildung 5

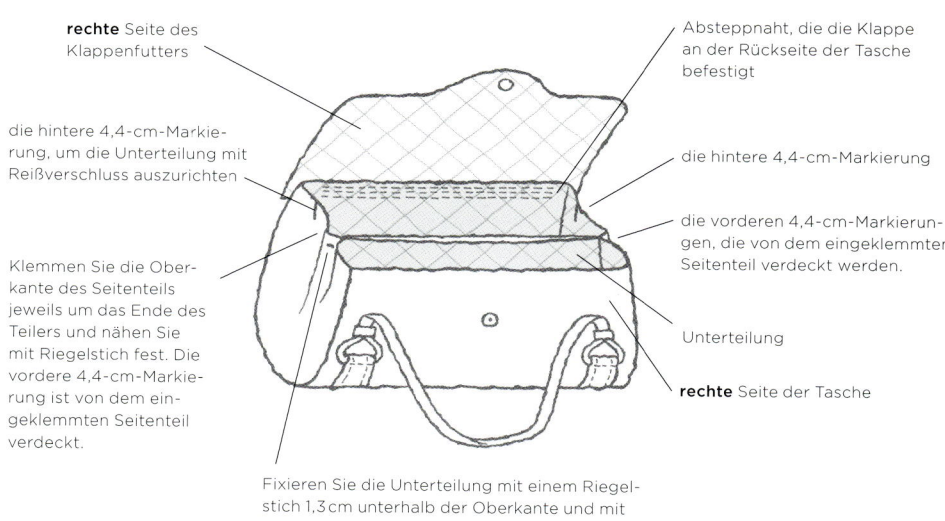

rechte Seite des Klappenfutters

Absteppnaht, die die Klappe an der Rückseite der Tasche befestigt

die hintere 4,4-cm-Markierung, um die Unterteilung mit Reißverschluss auszurichten

die hintere 4,4-cm-Markierung

Klemmen Sie die Oberkante des Seitenteils jeweils um das Ende des Teilers und nähen Sie mit Riegelstich fest. Die vordere 4,4-cm-Markierung ist von dem eingeklemmten Seitenteil verdeckt.

die vorderen 4,4-cm-Markierungen, die von dem eingeklemmten Seitenteil verdeckt werden.

Unterteilung

rechte Seite der Tasche

Fixieren Sie die Unterteilung mit einem Riegelstich 1,3 cm unterhalb der Oberkante und mit einem Abstand von 1,3 cm von dem Falz.

b. Setzen Sie die Unterteilung ohne Reißverschluss in die Innenseite der Tasche. Richten Sie ihre Enden an den beiden vorderen Markierungen aus. Klemmen Sie dann die Oberkante des Seitenteils jeweils um das Ende der Unterteilung und fixieren Sie alle Lagen mit Stecknadeln.

c. Fixieren Sie die Unterteilung mit einem Riegelstich. Setzen Sie die Naht 1,3 cm unterhalb der Oberkante und 1,3 cm vom Falz entfernt an. Sollten die Stofflagen zu dick für Ihre Maschine sein, nähen Sie den Riegel mit einem Doppelfaden von Hand, indem Sie einige Male an Ort und Stelle nähen. Vernähen Sie den Faden.

d. Wiederholen Sie Schritt 17b und 17c, um die Unterteilung mit Reißverschluss zwischen den hinteren Markierungen anzubringen.

Ihre blumige Handtasche ist fertig! Zeigen Sie der Welt Ihre neue maßangefertigte Designer-Handtasche – Sie können darauf wetten, dass niemand sonst genauso eine hat.

10 Elegante Schlaufentasche

Dieses elegante Schmuckstück ist die ultimative Mini-Tragetasche mit grazilen Linien. In zwei Größen (die große als Tasche für unterwegs), mit einer starken Einlage, die ihr ein wunderbares Volumen und eine schöne Form gibt, sowie einer hübschen Armschlaufe lässt diese Tasche keine Wünsche offen. Gefaltete Seiten und Teilfächer sorgen für ein geräumiges Inneres.

GRÖSSE	**Kleine Schlaufentasche**
	20,3 x 12,7 cm, 4,4 cm tief
	Große Schlaufentasche
	25,4 x 17,9 cm, 4,4 cm tief

= =

STOFFE

Aus 115 cm breitem leichtem bis mittelschwerem Stoff

Für die kleine Schlaufentasche:

- 25 cm eines bedruckten Oberstoffs für die Außenklappe

- 35 cm eines passenden festen Oberstoffs für die Außenseite und Schlaufe

- 60 cm eines passenden Musterstoffs für das Futter

Für die große Schlaufentasche:

- 25 cm eines bedruckten Oberstoffs für die Außenklappe

- 50 cm eines passenden festen Oberstoffs für die Außenseite und Schlaufe

- 80 cm eines passenden Musterstoffs für das Futter

ZUSÄTZLICHE MATERIALIEN

- 65 cm von 90 cm breiter fixierbarer Gewebeeinlage

- 30 cm von 90 cm breiter stabiler Näheinlage

- 1 Magnetverschluss, Ø 13 mm

- 1 Spule passendes Allzweckgarn

- 1 passender Reißverschluss der Länge 18 cm für die kleine Schlaufentasche

ODER

- 1 passender Reißverschluss der Länge 30,5 cm für die große Schlaufentasche

- Schnittmusterbogen 3

Siehe Grundausstattung an Werkzeugen, die Sie für jedes Projekt brauchen (S. 14).

WERKZEUGE

- Kreppband

- Markierstift

- Handnähnadel

- Reißverschlussfuß für Ihre Nähmaschine

Folgen Sie dieser Anweisung für alle Taschengrößen. Die unterschiedlichen Abmessungen sind im jeweiligen Schritt angegeben.

---

1   DAS SCHNITTTEIL FÜR DIE KLAPPE ANHAND DES SCHNITTMUSTERBOGENS 3 AM ENDE DES BUCHES AUSSCHNEIDEN

---

2   ALLE TEILE AUS DEM STOFF AUSSCHNEIDEN

Tipp: Schreiben Sie die Namen der einzelnen Schnittteile mit Markierstift auf Kreppband und befestigen Sie es auf dem jeweiligen Schnittteil, um sie auseinanderzuhalten.

a. Falten Sie die Stoffe jeweils an der Längsseite **links** auf **links** zusammen, sodass die Webkanten* aufeinanderliegen. Bügeln Sie vorsichtig den Falz. Falten Sie den Stoff auf und schlagen Sie die Webkanten zum Mittelfalz ein. Auf diese Weise haben Sie genügend Bruchkanten*, um die Schnittteile auszuschneiden.

Aus gemustertem Oberstoff
• 2 Klappen an der Bruchkante

b. Öffnen Sie den Stoff. Mit einem Lineal und einem Markierstift messen und markieren Sie die Maße für das Bodenteil direkt auf der **rechten** Seite einer einzelnen Stofflage. Dann schneiden Sie entlang der markierten Linien.

Aus leichtem bis mittelschwerem fest gewebten Stoff
Für die kleine Schlaufentasche:
• 1 Hauptteil: 27,9 x 30,5 cm
• 1 Armschlaufe: 5,1 x 27,3 cm

Für die große Schlaufentasche:
• 1 Hauptteil: 33 x 38,1 cm
• 1 Armschlaufe: 5,1 x 27,3 cm

Aus Futterstoff
Für die kleine Schlaufentasche:
• 1 Futterteil: 26,7 x 47 cm
• 2 Einstecktaschen-Teile: 17,1 x 40,6 cm
• 2 Reißverschlussblenden: 10,2 x 3,8 cm

Für die große Schlaufentasche:
• 1 Futterteil: 31,8 x 54,6 cm
• 2 Einstecktaschen-Teile: 22,2 x 62,2 cm
• 2 Reißverschlussblenden: 10,2 x 3,8 cm

c. Schlagen Sie die Klappe auf und verwenden Sie diese als Muster in Originalgröße, um die Gewebeeinlage und die Näheinlage zuzuschneiden.

Aus Gewebeeinlage

Für die kleine Schlaufentasche:

• 2 Klappen

• 1 Hauptteil: 27,9 x 30,5 cm

• 1 Futterteil: 26,7 x 47 cm

• 2 Einstecktaschen-Teile: 17,1 x 40,6 cm

• 1 Armschlaufe: 5 x 27,3 cm

Für die große Schlaufentasche:

• 2 Klappen

• 1 Hauptteil: 33 x 38,1 cm

• 1 Futterteil: 31,8 x 54,6 cm

• 2 Einstecktaschen-Teile: 22,2 x 62,2 cm

• 1 Armschlaufe: 5 x 27,3 cm

Aus Näheinlage

Für die kleine Schlaufentasche:

• Schneiden Sie 1 Klappe und kürzen Sie dann die Seitenränder um jeweils 1,3 cm und die obere gerade Kante um 2,5 cm.

• 2 Hauptteile: 20,3 x 11,4 cm

• 2 Einstecktaschen-Teile: 15,9 x 8,9 cm

• 1 Bodenteil: 20,3 x 3,8 cm

Für die große Schlaufentasche:

• Schneiden Sie 1 Klappe und kürzen Sie dann die Seitenränder um jeweils 1,3 cm und die obere gerade Kante um 2,5 cm.

• 2 Hauptteile: 25,4 x 15,2 cm

• 2 Einstecktaschen-Teile: 21 x 14 cm

• 1 Bodenteil: 25,4 x 3,8 cm

3 DIE EINLAGEN AUFBÜGELN

Siehe Seite 182 für Tipps zum Anbringen von Bügeleinlagen und Volumenvlies.

a. Platzieren Sie auf einer ebenen Fläche das erste Hauptteil aus Näheinlage auf der **linken** Seite des Oberstoff-Hauptteils, 1,3 cm unterhalb der 27,9-cm-Oberkante (für die kleine Tasche) oder der 33-cm-Kante (für die große Tasche) und 3,8 cm von jedem Seitenrand. Legen Sie das zweite Hauptteil aus Einlage am unteren Rand des Oberstoffteils mit den gleichen Abmessungen an. Es ergibt sich ein 5,1-cm-Abstand zwischen den beiden Näheinlagen-Stücken in der Mitte des Hauptteils. Richten Sie dann das Einlagen-Bodenteil zwischen den 2 Hauptteilen mittig aus.

b. Legen Sie die beschichtete Seite des Hauptteils aus Gewebeeinlage auf die Näheinlage und stellen Sie sicher, dass es nicht verrutschen kann. Bügeln Sie alles mit einem angefeuchteten Bügeltuch* fest und versiegeln Sie die Kanten rund um die Wattierung. Wenden Sie das Teil und bügeln Sie es erneut, damit keine Falten entstehen. Legen Sie das Teil beiseite.

c. Legen Sie die **linke** Seite des Futterteils auf die beschichtete Seite der entsprechenden Einlage. Bügeln Sie die Teile zusammen. Wiederholen Sie den Vorgang, um die Einlage auf die Oberstoffklappe, das Klappenfutter sowie die Schlaufen aufzubügeln.

d. Messen Sie mit dem Lineal auf der **rechten** Seite des ersten Einstecktaschen-Teils 10,2 cm (für die kleine Tasche) oder 12,7 cm (für die große Tasche) von der Oberkante entlang jeder Seitenkante nach unten ab und markieren Sie den Punkt mit Markierstift. Ziehen Sie dann eine Linie, um die Markierungen zu verbinden.

e. Falten Sie das Teil **links** auf **links**, entlang der markierten Linie. Drücken Sie vorsichtig einen Falz entlang der gefalteten Kante und öffnen Sie das Teil wieder.

f. Legen Sie das Einstecktaschen-Teil mit der **linken** Seite nach oben. Zentrieren Sie das entsprechende Näheinlagenstück 1,3 cm unterhalb einer der Schmalkanten, sodass an jeder Seite 0,6 cm Stoff überstehen.

g. Legen Sie die beschichtete Seite der entsprechenden Gewebeeinlage auf die Näheinlage und die **linke** Seite der Einstecktaschen-Teile. Achten Sie darauf, dass die Näheinlage nicht verrutscht. Bügeln Sie alles an Ort und Stelle fest und versiegeln Sie die Kanten rund um die Wattierung. Wenden Sie das Teil und bügeln Sie es erneut, ohne dass sich Falten bilden.

h. Wiederholen Sie Schritt 3d bis 3g, um das zweite Näheinlagenteil auf das zweite Einstecktaschen-Teil anzubringen.

- -

4   DIE OBERSTOFFTASCHE ANFERTIGEN

a. Markieren Sie auf der **rechten** Seite des Oberstoff-Hauptteils die Position für den Magnetverschluss. Messen Sie 14 cm (für die kleine Tasche) oder 16,5 cm (für die große Tasche) entlang des oberen Rands des Hauptteils und stecken Sie dort eine Nadel ein, um die Mitte des Stücks zu markieren. Dann messen Sie 6,4 cm (für die kleine Tasche) oder 11,4 cm (für die große Tasche) von der Mitte nach unten und machen eine Markierung.

b. Richten Sie den weiblichen Teil des Magnetverschlusses mittig auf der 6,4-cm-Markierung (für die kleine Tasche) oder der 11,4-cm-Markierung (für die große Tasche) aus und bringen Sie ihn gemäß der Hinweise des Herstellers an.

c. *Die Stücke der Näheinlage sind zwischen dem Hauptteil und der Einlage eingeschlossen, mit einem Abstand von 0,6 cm zwischen den Teilen.* Falten Sie das Hauptteil mit den verstärkten Seiten zusammen, sodass die Unterkante des ersten Hauptteils und die Kante des Bodenteils aufeinanderliegen. Steppen Sie knappkantig entlang des Falzes, sodass Sie nur den Stoff zwischen den beiden Näheinlagenstücken zusammennähen. Vernähen Sie die Fadenenden. Wiederholen Sie die Kantennaht entlang der Unterkante des anderen Näheinlagenstücks.

d. Falten Sie das Hauptteil **rechts** auf **rechts** in der Mitte zusammen, sodass die Ober- und Unterkante (27,9 cm für die kleine Tasche bzw. 33 cm für die große Tasche) aufeinanderliegen. Stecken Sie die kurzen Seitenränder, die sich dadurch bilden, jeweils mit Stecknadeln fest. Steppen Sie steppfußbreit entlang dieser Kanten und vernähen Sie die Fadenenden.

e. Formen Sie einen 5,1 cm langen Eckenkeil an einer der Bodenecken des Hauptteils, indem Sie die Seitennaht an der Mitte des Bodenteils ausrichten. In der Ecke bildet sich ein Dreieck. Messen Sie ausgehend vom Scheitelpunkt 2,5 cm entlang der Seitennaht ab und setzen Sie einen Markierungspunkt. Zeichnen Sie an der Markierung eine gerade Linie quer über die Ecke.

f. Nähen Sie entlang der markierten Linie, sodass sich ein Eckenkeil bildet. Vernähen Sie an jedem Ende. Kürzen Sie die Ecke auf eine Nahtzugabe von 1,3 cm.

g. Wiederholen Sie Schritt 4e und 4f, um den Keil auf der anderen Bodenecke des Hauptteils anzufertigen.

h. Wenden Sie den Oberstoff auf **rechts** und stülpen Sie die Ecken vorsichtig mit einem Wendewerkzeug aus. Bügeln Sie alle Säume.

Legen Sie den Oberstoff beiseite.

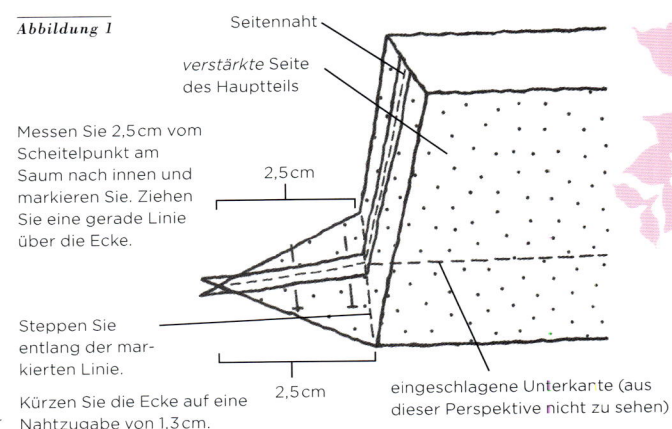

Abbildung 1

Seitennaht

verstärkte Seite des Hauptteils

Messen Sie 2,5 cm vom Scheitelpunkt am Saum nach innen und markieren Sie. Ziehen Sie eine gerade Linie über die Ecke.

2,5 cm

Steppen Sie entlang der markierten Linie.

Kürzen Sie die Ecke auf eine Nahtzugabe von 1,3 cm.

2,5 cm

eingeschlagene Unterkante (aus dieser Perspektive nicht zu sehen)

5

DIE KLAPPE ANFERTIGEN

a. Falten Sie die Futterklappe **rechts** auf **rechts** in der Mitte zusammen, sodass die Seitenkanten aufeinanderliegen. Bügeln Sie vorsichtig einen Falz entlang der Bruchkante. Öffnen Sie die Klappe.

b. Messen Sie auf der **rechten** Seite der Klappe 2,5 cm von der abgerundeten Kante in Richtung Mitte ab und setzen Sie eine Markierung.

c. Setzen Sie den männlichen Teil des Magnetverschlusses mittig oberhalb der Markierung auf und bringen Sie ihn gemäß der Hinweise des Herstellers an.

d. Legen Sie die Oberstoffklappe und das Klappenfutter **rechts** auf **rechts** entlang der Kanten aufeinander und stecken Sie alles fest. Nähen Sie steppfußbreit entlang der Seiten- und der Unterkante und vernähen Sie die Nahtenden.

e. Kürzen Sie die Ecken mit der Schere und schneiden Sie alle 1,3 cm V-förmige Keile in die Rundung der Nahtzugabe. Achten Sie darauf, nicht durch die Naht zu schneiden.

f. Wenden Sie die Klappe auf **rechts**. Stülpen Sie die Ecken vorsichtig mit einem Wendewerkzeug aus und bügeln Sie die Klappe glatt.

g. Stecken Sie die Näheinlage für die Klappe durch die ungesäumte Oberseite zwischen die Teile. Legen Sie die Nahtzugaben auf der Oberseite des Stabilisators auf das Klappenfutter. Drücken Sie sie fest gegen die Nähte. Stecken Sie alles fest.

h. Heften Sie mit einem Abstand von 0,6 cm entlang der oberen Ränder, um die Wattierung einzufassen.

i. Steppen Sie 0,3 cm von der Seite und der Rundung an den unteren Kanten ab. So wird die Wattierung eingeschlossen. Vernähen Sie an jedem Ende.

6   DIE ARMSCHLAUFE HERSTELLEN UND ANBRINGEN

a. Falten Sie die Schlaufe in der Mitte zusammen, sodass die Längskanten mit den Einlagen aufeinanderliegen. Bügeln Sie einen Falz entlang der Bruchkante und öffnen Sie die Schlaufe wieder.

b. Klappen Sie die Längsseiten jeweils zur Mitte ein und bügeln Sie die Kanten.

c. Legen Sie die Armschlaufe wieder am Mittelfalz zusammen und bügeln Sie die eingeschlagenen Kanten.

d. Steppen Sie jeweils knappkantig entlang der eingeschlagenen Seite und vernähen Sie die Fadenenden.

e. Falten Sie die Armschlaufe mit den kurzen Enden mittig zusammen und stecken Sie diese aneinander fest.

f. Platzieren Sie das Ende der Schlaufe auf der Oberstoffklappe 1,3 cm von der **linken** Seite, entlang der Oberkante. Richten Sie die Kanten aneinander aus, stecken Sie alles fest und heften Sie dann alle Teile.

7   DIE KLAPPE AM HAUPTTEIL BEFESTIGEN

a. Richten Sie die Oberstoffklappe mittig auf der **rechten** Seite des hinteren Hauptteil aus, sodass die ungesäumten Kanten aufeinanderliegen. Stecken Sie alles fest.

b. Steppen Sie steppfußbreit entlang der festgesteckten Kanten. Vernähen Sie die Nahtenden. Bügeln Sie die Nahtzugabe in Richtung Hauptteil.

Legen Sie Oberstofftasche beiseite.

8   DIE EINSTECKTASCHE ANFERTIGEN

Fertigen Sie zuerst zwei Einstecktaschen-Teile an, die Sie dann zur Tasche verbinden.

a. Falten Sie das erste Einstecktaschen-Teil entlang des Falzes, den Sie in Schritt 3e gemacht haben. Die verstärkten Seiten werden Kante auf Kante zusammengelegt. Legen Sie die längere 29,2-cm-Seite (für die kleine Tasche) oder 34,3-cm-Seite (für die große Tasche) des Einstecktaschen-Teils mit der **rechten** Seite nach oben.

Abbildung 2

Die Illustration zeigt die gebügelten Seiten, bevor die Kanten in Schritt 8e zusammengesteckt werden.

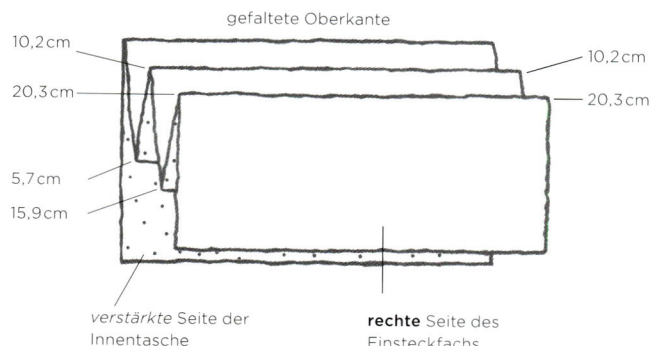

gefaltete Oberkante

10,2 cm   10,2 cm
20,3 cm   20,3 cm
5,7 cm
15,9 cm

verstärkte Seite der Innentasche

rechte Seite des Einsteckfachs

b. Entlang jedes Seitenrands, beginnend an der ersten gefalteten Kante, messen Sie mit Lineal und zeichnen mit Markierstift wie folgt an:

Für die kleine Tasche: 5,7 cm, 10,2 cm, 15,9 cm und 20,3 cm. Fahren Sie mit den folgenden Abmessungen fort, um noch 2 weitere Einsteckfächer anzufertigen.

Für die große Tasche: 26 cm, 30,5 cm, 36,2 cm und 40,6 cm. Legen Sie das Lineal jeweils zwischen den passenden Markierungen an und ziehen Sie mit dem Markierstift eine Linie.

c. Falten Sie die Einstecktasche **rechts** auf **rechts** an der 5,7-cm-Linie und bügeln Sie den Falz.

d. Klappen Sie das Einstecktaschen-Teil entlang der 10,2-cm-Linie nach hinten, mit den verstärkten Seiten aufeinander. Bügeln Sie den Falz.

e. Auf die gleiche Weise wird das Einstecktaschen-Teil an der 15,9-cm-Linie **rechts** auf **rechts** gefaltet und dann an der 20,3-cm-Linie nach hinten gelegt. Für die große Tasche falten Sie an den zusätzlichen Markierungen ebenso und Sie erhalten 2 weitere Einsteckfächer. Bügeln Sie das Teil und stecken Sie alle Kanten fest.

f. Falten Sie die Unterkanten jeweils 1,3 cm nach innen in Richtung der verstärkten Seite um, und bügeln Sie. Richten Sie die eingeschlagenen Kanten aneinander aus und stecken Sie fest. Heften Sie entlang der Seiten mit einem Abstand von 0,6 cm, um die Unterteilungen zu fixieren. Die Unterkanten werden aneinandergenäht, sobald die andere Seite der Einstecktasche fertiggestellt ist. Das bildet eine Seite der Einstecktasche.

Nur bei der großen Tasche falten Sie die Einstecktasche zusammen, sodass die kurzen Seiten aufeinanderliegen. Stecken Sie oben und unten in den Falz eine Stecknadel, um die Mitte des Teils zu markieren. Ziehen Sie zwischen den Nadeln eine Linie. Steppen Sie von unten beginnend entlang der Linie, um weitere Steckfächer abzutrennen. Vernähen Sie die Enden.

g. Wiederholen Sie Schritt 8a bis 8f, um die andere Seite der Einstecktasche anzufertigen.

h. Legen Sie die beiden Taschenteile mit den Einsteckfächern nach außen aneinander. Richten Sie die Seiten- und Unterkanten aneinander aus und stecken Sie sie fest.

i. Steppen Sie die Unterkante knappkantig zusammen und vernähen Sie die Enden.

j. Heften Sie entlang der Seiten mit einem Abstand von 0,6 cm, damit die Teile nicht verrutschen.

Legen Sie die Einstecktasche beiseite.

---

9 DEN REISSVERSCHLUSS AM FUTTER ANBRINGEN

a. Legen Sie das Futterteil mit der **rechten** Seite nach oben auf einen flachen Untergrund. Übertragen Sie die folgenden Markierungen mit Lineal und Schneiderkreide von der Oberkante entlang der beiden Seitenkanten: 2,9 cm – 11,7 cm – 20,6 cm.
Verbinden Sie gegenüberliegende Markierungen mit einer Linie.

b. Messen Sie an der 2,9-cm-Linie 5,1 cm von den Seiten nach innen und zeichnen Sie eine Markierung an.

c. Falten Sie die Reißverschlussblenden in der Mitte zusammen, sodass die 3,8 cm langen Seiten aufeinanderliegen. Bügeln Sie den Falz.

d. Legen Sie die erste gefaltete Reißverschlussblende so an der 5,1-cm-Markierung an, dass 1cm der Blende an der Kreidelinie übersteht. Stecken Sie die Blende fest. Wiederholen Sie den Schritt mit der anderen Blende.

Abbildung 3

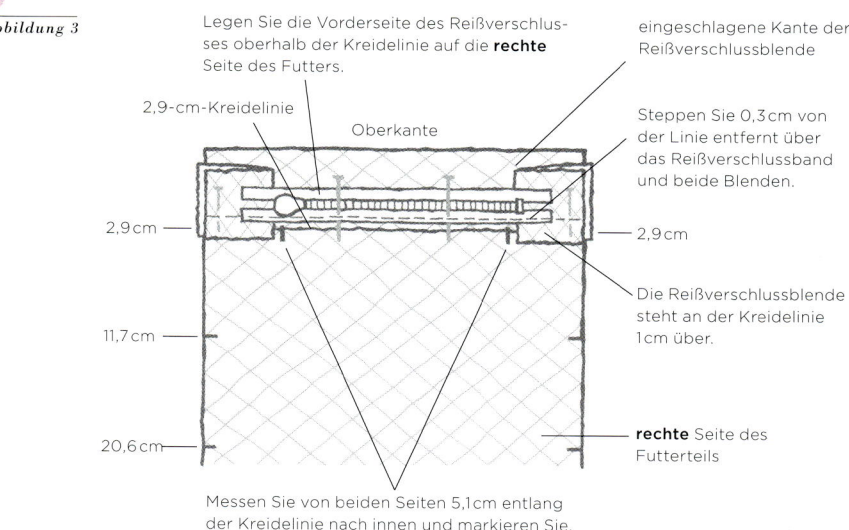

Legen Sie die Vorderseite des Reißverschlusses oberhalb der Kreidelinie auf die **rechte** Seite des Futters.

eingeschlagene Kante der Reißverschlussblende

2,9-cm-Kreidelinie

Oberkante

Steppen Sie 0,3cm von der Linie entfernt über das Reißverschlussband und beide Blenden.

2,9cm

2,9cm

Die Reißverschlussblende steht an der Kreidelinie 1cm über.

11,7cm

20,6cm

rechte Seite des Futterteils

Messen Sie von beiden Seiten 5,1cm entlang der Kreidelinie nach innen und markieren Sie.

e. Legen Sie das geschlossene Reißverschluss- und das Futterteil mit den **rechten** Seiten aufeinander. Platzieren Sie den Griff des Reißverschlusses über der linken 5,1-cm-Markierung und die Längskante des Reißverschlussbands über der Kreidelinie. Stecken Sie alles fest.

f. Steppen Sie das Reißverschlussband mit dem Reißverschlussfuß Ihrer Maschine 0,3cm von den Zähnchen entfernt fest, Anfang und Ende jeweils an den Seitenkanten der Blenden. Vernähen Sie die Fadenenden.

Abbildung 4

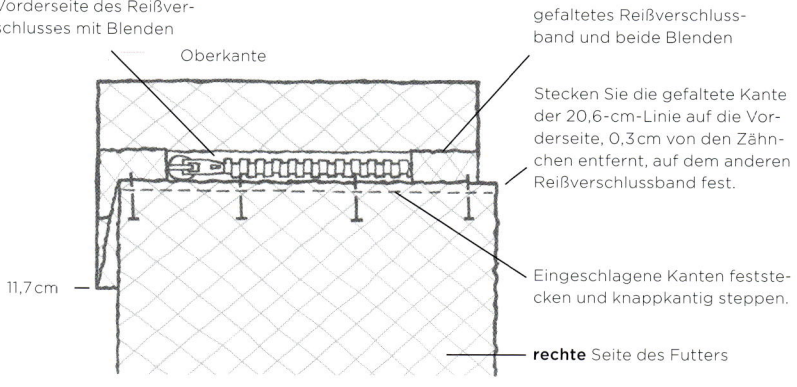

Vorderseite des Reißverschlusses mit Blenden

gefaltetes Reißverschlussband und beide Blenden

Oberkante

Stecken Sie die gefaltete Kante der 20,6-cm-Linie auf die Vorderseite, 0,3cm von den Zähnchen entfernt, auf dem anderen Reißverschlussband fest.

11,7cm

Eingeschlagene Kanten feststecken und knappkantig steppen.

rechte Seite des Futters

g. Falten Sie den Reißverschluss und die beiden Blenden über die Naht, sodass die **rechte** Seite nach oben zeigt. Bügeln Sie entlang des Falzes. Steppen Sie knappkantig entlang der gefalteten Kante der Blenden und des Reißverschlussbands. Vernähen Sie die Enden. (Siehe Abbildung 4 auf S. 137.)

h. Klappen Sie das Teil **rechts** auf **rechts**, über die 11,7-cm-Kreidelinie, und bügeln Sie entlang der gefalteten Kante. Dann falten Sie das Teil zurück in Richtung der verstärkten Seite über die 20,6-cm-Linie und bügeln Sie erneut.

i. Stecken Sie die gefaltete Kante der 20,6-cm-Kreidelinie auf die **rechte** Seite, 0,3 cm von den Zähnchen entfernt, auf der anderen Seite des Reißverschlussbands fest. Setzen Sie den Vorgang mit den anderen gefalteten Kanten fort.

j. Öffnen Sie den Reißverschluss. Steppen Sie knappkantig entlang des Falzes, vernähen Sie die Enden und schließen Sie den Reißverschluss. *Steppen Sie nicht durch die Rückseite der Einstecktasche.*

---

10 DAS FUTTER UND DIE ECKENKEILE ANFERTIGEN

a. Falten Sie das Futterteil in der Mitte zusammen, sodass die 26,7 cm langen Kanten der kleinen Tasche bzw. die 31,8 cm langen Kanten der großen Tasche **rechts** auf **rechts** aufeinanderliegen. Platzieren Sie die Einstecktasche zwischen den Futterseiten, deckend mit den linken Seitenrändern. *Die Innentasche ist nicht so lang und breit wie das Futter, welches die Seiten und den Boden der Handtasche bildet.*

b. Legen Sie den oberen Rand der Einstecktasche 1,6 cm unterhalb der Oberkante des Futterteils an und stecken Sie den linken Seitenrand fest. Steppen Sie mit einem Abstand von 0,6 cm entlang dieser Kante. Vernähen Sie die Enden.

c. Machen Sie als Nächstes den Eckenkeil. Legen Sie die Einstecktasche auf eine Seite um, damit sie Ihnen nicht im Weg ist. Legen Sie die Seitennaht direkt über den Mittelfalz des Bodenteils, sodass sich in der Ecke ein Dreieck bildet. Messen Sie vom Scheitelpunkt entlang der Naht 2,5 cm nach innen und markieren Sie die Stelle. Ziehen Sie von den Ecken eine gerade Linie über die Markierung. Stecken Sie entlang der Linie fest. (Siehe Abbildung 1 auf S. 134.)

d. Steppen Sie entlang der Markierungslinie, sodass ein Eckenkeil entsteht. Vernähen Sie die Enden. Kürzen Sie die Nahtzugabe in der Ecke auf 1,3 cm.

e. Ziehen Sie die **rechte** Seitenkante der Einstecktasche an und legen Sie diese 1,6 cm unterhalb der Oberkante auf die rechte Seite des Futterteils. Stecken Sie alles fest. Steppen Sie entlang der festgesteckten Kante im Abstand von 0,6 cm und vernähen Sie die Enden.

f. Wiederholen Sie Schritt 10c und 10d, um den Eckenkeil an der anderen Ecke des Futterteils anzufertigen.

11 DIE OBERSTOFFTEILE UND DAS FUTTER VERBINDEN

a. Schlagen Sie die Oberkanten des Oberstoffteils jeweils 1,3 cm nach innen zu den **linken** Seiten und bügeln Sie entlang der Kante. Falten Sie die Oberkanten des Futters ebenfalls jeweils 1,3 cm zu den **linken** Seiten und bügeln Sie diese.

b. Stecken Sie das Futter **links** auf **links** in das Oberstoffteil – das Oberstoffteil ist auf **rechts** gewendet, das Futter nicht. Die Innentasche mit Reißverschluss sollte dabei auf der Taschenrückseite ausgerichtet werden (der Seite mit der Klappe). Legen Sie die eingeschlagenen Kanten aufeinander und stecken Sie sie rundherum fest.

c. Sie steppen nun auf der Futterseite der Tasche, also im Inneren. Dazu müssen Sie die Innentasche beim Nähen aus dem Weg drücken. Seien Sie geduldig und nähen Sie langsam, dann erzielen Sie großartige Resultate. Beginnen Sie an der vorderen Seitenkante der Innentasche. Steppen Sie knappkantig von der Oberkante der Innentasche nach oben zur Taschenkante, fahren Sie an der vorderen Taschenkante fort und steppen Sie an der gegenüberliegenden Seite wieder nach unten zur Innentasche. Vernähen Sie Anfang und Ende der Naht.

d. Beginnen Sie diesmal auf der Rückseite der Innentasche. Steppen Sie wieder knappkantig von der Innentasche entlang der Seite nach oben und führen Sie die Naht entlang der Verbindungsnaht der Klappe am Taschenrücken. Steppen Sie an der anderen Seite wieder nach unten zur Innentasche und vernähen Sie die Enden. Bügeln Sie die gesamte Tasche

Wenn es Ihnen schwerfällt, auf der Innentasche zu steppen, nähen Sie so nah Sie können und versäubern Sie die verbleibenden Kanten von Hand.

Ihre elegante Schlaufentasche ist fertig! Jeder wird sich fragen: „Ist es eine Tasche oder ein Portemonnaie?" Lächeln Sie und sagen Sie einfach: „Beides natürlich!"

11 Fräulein Mavens Rüschentasche

Mit praktischen Handgriffen und einer hübschen Rüschenborte ist diese Tasche eine absolute Wucht! Eines ihrer Attribute ist ein doppelter Boden für ein wenig mehr Unterstützung an der richtigen Stelle. Die kleine Tasche ist eine reizvolle Aufbewahrung für Ihr Nähzubehör oder eignet sich als geräumige Handtasche für einen romantischen Abend; verwenden Sie die große Tasche für das Fitnessstudio, Ausflüge zum Strand oder Wochenendreisen. Mit Fräulein Mavens Tasche bleibt Ihr Outfit nie langweilig.

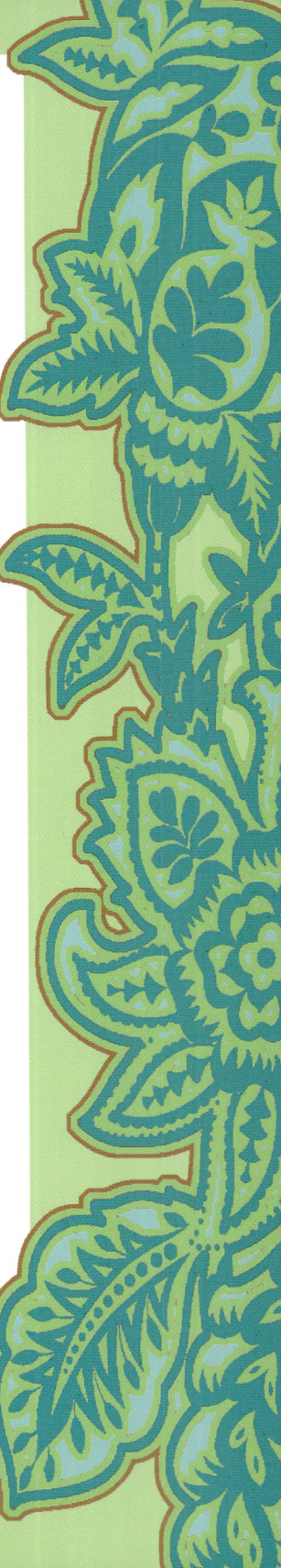

GRÖSSE

Kleine Tasche
45,7 x 39,4 cm, 8,9 cm tief

Große Schlaufentasche
54,6 x 43,8 cm, 8,9 cm tief

STOFFE

Aus 110 cm breitem leichtem bis mittelschwerem Stoff

Für die kleine Tasche:

- 95 cm eines gemusterten Stoffs für die Oberstoff-Hauptteile

- 95 cm eines passenden festen Stoffs für die Oberstoffgriffe und Rüschen

- 150 cm eines passend gemusterten Stoffs für das Futter

Für die große Tasche:

- 105 cm eines gemusterten Stoffs für die Oberstoff-Hauptteile

- 95 cm eines passenden festen Stoffs für die Oberstoffgriffe und Rüschen

- 150 cm eines passend gemusterten Stoffs für das Futter

ZUSÄTZLICHE MATERIALIEN

- 148 cm von 90 cm breiter fixierbarer Gewebeeinlage

- 125 cm von 90 cm breitem fixierbarem Volumenvlies

- 35 cm von 90 cm breiter, doppelseitig fixierbarer Näheinlage

- Ein Magnetverschluss, Ø 19 mm

- 1 Spule passendes Allzweckgarn

- Schnittmusterbogen 8 und 9

Siehe Grundausstattung an Werkzeugen, die Sie für jedes Projekt brauchen (S. 14).

WERKZEUG

- Handnähnadel

Folgen Sie dieser Anweisung für jede Taschengröße. Etwaige Änderungen in den Abmessungen sind im jeweiligen Schritt angegeben.

1 DIE SCHNITTMUSTERTEILE ZUSCHNEIDEN

Schneiden Sie folgende Teile anhand der Schnittmusterbogen 8 und 9 zu:

- Hauptteil/Einstecktasche
- Griffteil
- Griffteil aus Näheinlage

2 ALLE TEILE AUS DEM STOFF AUSSCHNEIDEN

a. Falten Sie die Stoffe jeweils an der Längsseite **links** auf **links** zusammen, sodass die Webkanten* aufeinanderliegen.

Aus dem gemusterten Oberstoff

- 2 Hauptteile an der Bruchkante

Aus passendem festen Oberstoff

- 2 Handgriffe

b. Übertragen Sie die Abmessungen mit Lineal und Markierstift direkt auf eine einzelne Stofflage auf der **rechten** Seite. Dann schneiden Sie entlang der markierten Linien.

- Die Raffung für die kleine Tasche: 20,3 x 68,6 cm

ODER

- Die Raffung für die große Tasche: 20,3 x 76,2 cm

Aus Futterstoff

- 2 Hauptteile an cer Bruchkante
- Außerdem brauchen Sie 2 Teile für die Einstecktasche (falten Sie das Schnittmusterteil für Hauptteil/Einstecktasche an der gestrichelten Linie nach hinten).

c. Übertragen Sie die Abmessungen mit Lineal und Markierstift direkt auf eine einzelne Stofflage auf der **rechten** Seite. Dann schneiden Sie entlang der markierten Linien.

- 2 Teile für den doppelten Boden der kleinen Tasche: 11,4 x 46,4 cm.

ODER

- 2 Teile für den doppelten Boden der großen Tasche: 11,4 x 55,2 cm.

Plus

- 2 Teile für die Handytasche: 12,7 x 14 cm
- 2 Verschlusslaschen: 8,9 x 12,7 cm

Aus Gewebeeinlage

d. Öffnen Sie eines der Futterhauptteile und verwenden Sie es als Schnittmuster in Originalgröße.

- 2 Hauptteile
- 1 Einstecktaschen-Teil

e. Verwenden Sie das Schnittmusterteil und schneiden Sie:

- 4 Handgriffe

f. Übertragen Sie die Abmessungen mit Lineal und Markierstift direkt auf die Gewebeeinlage. Schneiden Sie entlang der markierten Linien.

- 2 Teile für die Handytasche: 12,7 x 14 cm
- 2 Verschlusslaschen: 8,9 x 12,7 cm

Aus fixierbarem Volumenvlies

• 2 Hauptteile an der Bruchkante

Aus beidseitig fixierbarer Näheinlage

g. Um die Näheinlage für die Griffe zuzuschneiden, fahren Sie die Ränder des Schnittmusterteils nach und schneiden entlang der Linien.

• 4 Griffe

h. Übertragen Sie die Abmessungen mit Lineal und Markierstift direkt auf eine einzelne Stofflage auf der **rechten** Seite. Dann schneiden Sie entlang der markierten Linien.

• 2 Teile für den doppelten Boden der kleinen Tasche: 8,3 x 43,8 cm.

ODER

• 2 Teile für den doppelten Boden der großen Tasche: 8,3 x 52,7 cm.

DIE EINLAGEN UND DAS VOLUMENVLIES ANBRINGEN

Siehe Seite 182 für Tipps zum Anbringen von Bügeleinlagen und Volumenvlies.

a. Legen Sie die beschichtete Seite des Einlagenhauptteils auf die **linke** Seite des ersten Oberstoff-Hauptteils. Mit einem angefeuchteten Bügeltuch* bügeln Sie die Einlage fest. Wenden Sie das Teil und bügeln Sie es erneut, damit sich keine Falten bilden.

b. Wiederholen Sie Schritt 3a, um die entsprechenden Einlagenstücke auf dem zweiten Oberstoff-Hauptteil, einer Handytasche, einem Einstecktaschen-Teil, allen 4 Griffen und beiden Verschlusslaschen anzubringen.

c. Bringen Sie die beschichtete Seite eines Vliesteils für das Hauptteil auf der **linken** Seite des ersten Futterhauptteils an und bügeln Sie es fest. Wenden Sie das Teil und bügeln Sie erneut, damit keine Falten entstehen. Bringen Sie auf die gleiche Weise das andere Vlieshauptteil auf dem zweiten Futterhauptteil an.

d. Legen Sie die beschichtete Seite (ohne die Schutzfolie) der ersten Griffeinlage auf die verstärkte Seite des ersten Griffs. Richten Sie die Näheinlage mittig aus und bügeln Sie sie fest. Gehen Sie bei den verbleibenden 3 Griffen ebenso vor, um die Näheinlage anzubringen.

DIE HANDYTASCHE ANFERTIGEN UND AM FUTTERHAUPTTEIL ANBRINGEN

a. Legen Sie die Handytaschenteile **rechts** auf **rechts** aufeinander und stecken Sie die aufeinanderliegenden Kanten fest.

b. Nähen Sie steppfußbreit um das gesamte Teil, lassen Sie aber an einer der Längsseiten 5,1 cm ungesäumt. Vernähen* Sie die Enden.

c. Stumpfen* Sie alle 4 Ecken innerhalb der Nahtzugabe* ab, ohne durch die Naht zu schneiden.

d. Wenden Sie die Tasche durch die Öffnung im Saum auf **rechts**. Stülpen Sie die Ecken vorsichtig mit einem Wendewerkzeug aus und bügeln Sie die Handytasche flach. Schlagen Sie die Kanten an der Öffnung jeweils 1,3 cm nach innen. Bügeln Sie die Ränder und stecken Sie sie fest.

e. Steppen Sie 0,6 cm unterhalb der Kante ab. Vernähen Sie die Enden.

f. Falten Sie die Tasche in der Mitte längs zusammen, mit den **rechten** Seiten aufeinander, und bügeln Sie vorsichtig einen Falz an der Bruchkante. Stecken Sie 1,3 cm vom Falz entfernt sowohl die Ober- als auch die Unterkante zusammen.

g. Um die Falte an der Unterkante der Tasche zu legen, nähen Sie an der Unterkante beginnend steppfußbreit entlang des Falzes nach oben, etwa 3,8 cm lang. Vernähen Sie die Enden. Legen Sie die Falte, die sich auf der Rückseite der Handytasche gebildet hat, mittig über die gerade gesteppte Naht und bügeln Sie sie flach. Lassen Sie die Oberkante festgesteckt, um eine vorübergehende Falte zu bilden. Die Stecknadel wird nach dem Festnähen der Handytasche in Schritt 4j entfernt.

h. Falten Sie ein Futterhauptteil in der Mitte, sodass die Seitenkanten aufeinanderliegen. Bügeln Sie an der Bruchkante vorsichtig einen Falz und öffnen Sie das Teil. Mit Lineal und Markierstift messen Sie 15,2 cm (für die kleine Tasche) oder 20,3 cm (für die große Tasche) von der Unterkante nach oben ab und machen dann 7,6 cm rechts vom Mittelfalz eine Markierung.

i. Platzieren Sie die linke untere Ecke der Handytasche über der Markierung und stecken Sie sie so fest, dass die linke Seite der Handytasche parallel zum Mittelfalz des Futterhauptteils verläuft.

j. Befestigen Sie die Handytasche mit einem Kantenstich*, indem Sie an den Seitenkanten nach unten und entlang der Unterkante steppen. Vernähen Sie die Enden und entfernen Sie die Stecknadel, sodass die vorübergehende Falte gelöst wird.

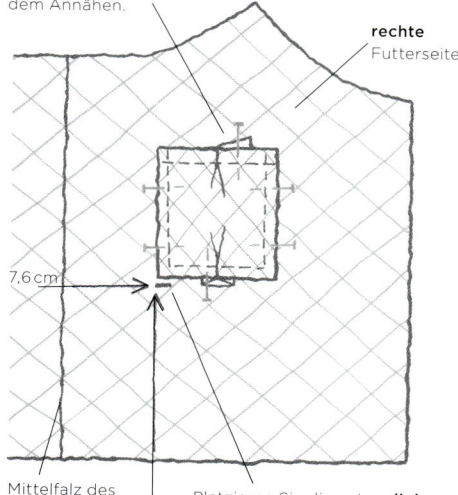

Abbildung 1

Stecken Sie die obere Falte der Handytasche fest. Entfernen Sie die Stecknadel nach dem Annähen.

rechte Futterseite

7,6 cm

Mittelfalz des Futters

15,2 cm/0,3 cm

Platzieren Sie die untere **linke** Ecke der Handytasche über der Markierung. Die **linke** Seite liegt parallel zum Mittelfalz. Befestigen Sie mit Kantenstich.

---

5   DIE EINSTECKTASCHE ANFERTIGEN UND AM FUTTER BEFESTIGEN

a. Legen Sie die Einstecktaschen-Teile **rechts** auf **rechts** aufeinander, sodass die offenen Kanten aufeinanderliegen. Stecken Sie eine Längskante fest.

b. Nähen Sie steppfußbreit entlang der festgesteckten Kante und vernähen Sie die Enden.

c. Wenden Sie die Tasche auf **rechts** und bügeln Sie. Steppen Sie 0,6 cm unterhalb der gesäumten Kante ab und vernähen Sie die Enden.

d. Richten Sie die 3 verbleibenden Kanten aneinander aus und stecken Sie sie fest. Heften Sie 0,6 cm von den Kanten zusammen.

e. Legen Sie die Einstecktasche mittig mit den Seitenkanten aufeinander und bügeln Sie vorsichtig einen Falz an der Bruchkante.

f. Platzieren Sie die Einstecktasche auf dem Futterteil, auf dem die Handytasche angebracht wurde. Richten Sie die Mittelfalze von Einstecktaschen- und Futterteil aneinander aus und stecken Sie die Seiten- und Bodenkanten passend aneinander fest.

g. Heften Sie 0,6 cm von den Seiten und der Unterkante entfernt die Einstecktasche auf das Futter.

h. Steppen Sie an der Mittelfalz entlang, um die Einstecktasche in 2 Fächer zu teilen. Vernähen Sie die Enden. Legen Sie das Futter beiseite.

6 DIE RÜSCHEN RAFFEN UND AN DEN OBERSTOFF-HAUPTTEILEN ANBRINGEN

a. Um die passende Stelle für die Rüschen zu finden, falten Sie zuerst das Hauptteil in der Mitte längs zusammen. Legen Sie die Seitenränder aufeinander und bügeln Sie an der Bruchkante vorsichtig einen Falz. Öffnen Sie das Teil.

b. Messen Sie an der Oberkante 1,3 cm entlang des Falzes nach unten und an der Unterkante 7 cm nach oben. Markieren Sie die Stellen.

c. Wiederholen Sie Schritt 6a und 6b, um die Stelle für die Rüschen auf dem zweiten Hauptteil zu markieren.

d. Schlagen Sie an einem kurzen Ende des ersten Rüschenteils 0,6 cm in Richtung der **linken** Seite ein und bügeln Sie die Kante.

e. Falten Sie es erneut 0,6 cm in Richtung der **linken** Seite und bügeln Sie. Stecken Sie die zuvor eingeschlagene Kante fest und steppen Sie diese dann knappkantig.

f. Wiederholen Sie Schritt 6d und 6e mit dem zweiten kurzen Ende des ersten Rüschenteils.

g. Falten Sie das erste Rüschenteil längs mit den **rechten** Seiten zusammen und stecken Sie die aufeinanderliegenden Längskanten fest. Steppen Sie steppfußbreit entlang der festgesteckten Kanten. Vernähen Sie die Fadenenden und bügeln Sie die Nahtzugabe auseinander.

h. Wenden Sie das Rüschenteil auf **rechts** und bügeln Sie es glatt, sodass die Naht auf der Rückseite in der Mitte liegt.

i. Mit der größten Stichlänge Ihrer Maschine heften Sie die komplette Länge des Rüschenteils, jeweils 0,6 cm rechts und links der Mittelnaht. Lassen Sie an den Enden jeweils 15,2 cm Faden überstehen, *vernähen Sie den Faden jedoch nicht.*

j. Ziehen Sie vorsichtig an beiden Unterfäden der Raffnähte* gleichzeitig, um mit dem Raffen zu beginnen.

k. Raffen Sie das Rüschenteil, die Rüschen gleichmäßig verteilt, bis eine Länge von 22,2 cm (für die kleine Tasche) oder 27,9 cm (für die große Tasche) erreicht ist.

l. Sichern Sie die Enden der Raffäden, indem Sie in jedes Ende des Rüschenteils eine Stecknadel setzen. Am oberen Ende ziehen Sie beide Fadenenden und legen sie zusammen. Wickeln Sie die Fäden dann in Achtern um die Stecknadel herum. Auf die gleiche Weise sichern Sie die Raffung am unteren Ende.

m. Stecken Sie das obere Ende des Rüschenteils an der oberen Markierung des Oberstoff-Hauptteils fest, sodass die zentrierte Naht auf der Rückseite der Rüschen auf dem Mittelfalz des Hauptteils liegt. Die Unterkante des Rüschenteils liegt auf der unteren Markierung des Hauptteils. Stecken Sie dann die Rüschen Stück für Stück auf dem Hauptteil fest.

n. Nähen Sie die Rüschen mit zwei Nähten am Hauptteil fest, die Sie innerhalb der Raffnähte setzen. Die Nähte haben einen Abstand von 0,3 cm zueinander. Vernähen Sie die Enden.

o. Entfernen Sie die Stecknadeln und ziehen Sie dann vorsichtig die Raffäden (Ober- und Unterfaden) komplett aus dem Stoff heraus.

p. Wiederholen Sie Schritt 6a bis 6o, um das zweite Rüschenteil anzufertigen und am zweiten Hauptteil zu befestigen.

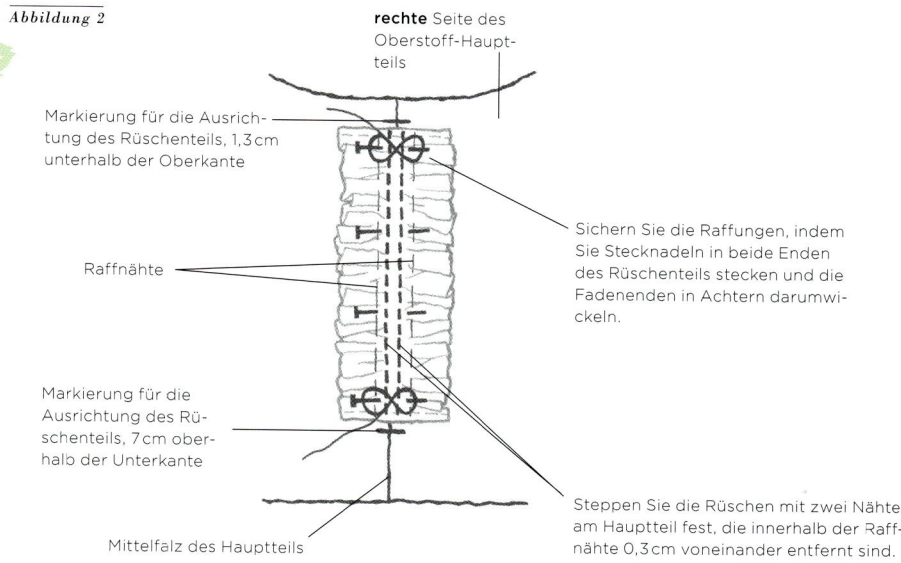

Abbildung 2

rechte Seite des
Oberstoff-Haupt-
teils

Markierung für die Ausrichtung des Rüschenteils, 1,3 cm
unterhalb der Oberkante

Sichern Sie die Raffungen, indem
Sie Stecknadeln in beide Enden
des Rüschenteils stecken und die
Fadenenden in Achtern darumwi-
ckeln.

Raffnähte

Markierung für die
Ausrichtung des Rü-
schenteils, 7 cm ober-
halb der Unterkante

Mittelfalz des Hauptteils

Steppen Sie die Rüschen mit zwei Nähten
am Hauptteil fest, die innerhalb der Raffnähte 0,3 cm voneinander entfernt sind.

---

7   DIE OBERSTOFFTASCHE ANFERTIGEN

a. Legen Sie die Oberstoff-Hauptteile mit den **rechten** Seiten aufeinander, richten Sie die Seiten- und die Unterkante aneinander aus und stecken Sie alles fest.

b. Nähen Sie steppfußbreit entlang der Seiten nach unten und über die Unterkante der Teile. Vernähen Sie die Enden und bügeln Sie die Nahtzugabe auseinander.

c. Formen Sie einen Eckenkeil* an der ersten unteren Ecke der Oberstoff-Hauptteile. Legen Sie dazu die Seiten- und Bodennaht zusammen, sodass sich ein Dreieck in der Ecke bildet. Stecken Sie die Nähte zusammen.

d. Messen Sie vom Scheitelpunkt entlang der Naht 4,4 cm nach innen und markieren Sie die Stelle. Zeichnen Sie an der Markierung eine gerade Linie quer über die Ecke. (Siehe Abbildung 3 auf S. 150.)

e. Steppen Sie entlang der markierten Linie und vernähen Sie die Enden. Kürzen Sie die Ecke auf eine Nahtzugabe von 1,3 cm.

f. Wiederholen Sie Schritt 7c bis 7e, um an der gegenüberliegenden Ecke ebenfalls einen Eckenkeil zu bilden.

g. Setzen Sie eine Verstärkungsnaht* 1 cm unterhalb der mittleren Rundung an der Oberkante jedes Hauptteils. Kerben* Sie die Nahtzugabe alle 1,3–1,9 cm ein, ohne die Verstärkungsnaht zu verletzen.

h. Wenden Sie die Oberstofftasche auf **rechts** und stülpen Sie die Ecken vorsichtig mit einem Wendewerkzeug aus.

Legen Sie die Oberstofftasche beiseite.

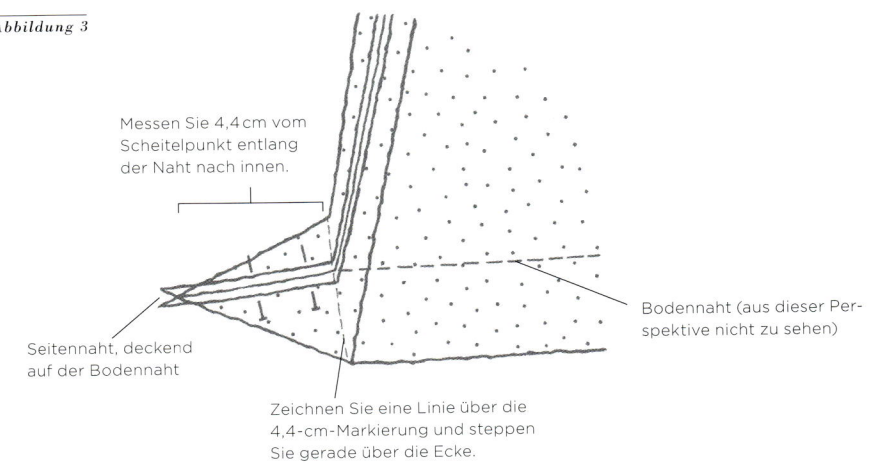

Abbildung 3

Messen Sie 4,4 cm vom Scheitelpunkt entlang der Naht nach innen.

Bodennaht (aus dieser Perspektive nicht zu sehen)

Seitennaht, deckend auf der Bodennaht

Zeichnen Sie eine Linie über die 4,4-cm-Markierung und steppen Sie gerade über die Ecke.

8 DAS FUTTER ANFERTIGEN

a. Wiederholen Sie die Schritte 7a und 7b, um das Futter anzufertigen. Lassen Sie an der Unterkante mittig eine Öffnung von 20,3 cm.

b. Wiederholen Sie Schritt 7c bis 7g, um das Futter fertigzustellen.

9 DIE HANDGRIFFE ANFERTIGEN

a. Schneiden Sie die Nahtzugabe an der inneren Öffnung des ersten Handgriffs alle 1,3 cm ein.

b. Ziehen Sie den Schutzfilm der Näheinlage ab. Drücken Sie die inneren Kanten des Griffteils vorsichtig auf die beschichtete Seite der Näheinlage; bügeln Sie den Stoff nur mit der Spitze Ihres Bügeleisens auf der Wattierung fest. **Achten Sie darauf, mit Ihrem Bügeleisen nicht auf die beschichtete Seite der Näheinlage zu kommen.**

c. Wiederholen Sie Schritt 9a und 9b, um die Innenkanten des zweiten Handgriffteils einzuschneiden und festzubügeln.

d. Legen Sie die ersten beiden Handgriffteile mit den **rechten** Seiten aufeinander, sodass alle Kanten deckend liegen. Stecken Sie die Teile an der oberen gerundeten Kante aneinander.

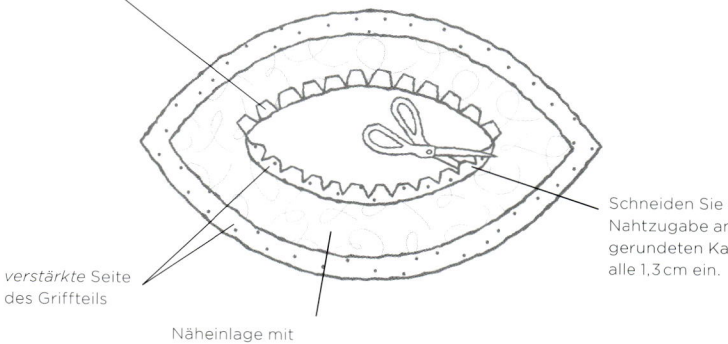

Abbildung 4

Drücken Sie die Innenkante des Griffteils zur **linken** Seite. Bügeln Sie die Kante mit der Spitze Ihres Bügeleisens auf der Wattierung fest.

Schneiden Sie die Nahtzugabe an der gerundeten Kante alle 1,3 cm ein.

verstärkte Seite des Griffteils

Näheinlage mit abgezogenem Schutzfilm

e. Steppen Sie steppfußbreit entlang der festgesteckten Kante, Anfang und Ende jeweils am Ende der Wattierung. Vernähen Sie die Enden. Auf diese Weise bleiben an beiden Enden des Handgriffs 1,3 cm ungesäumt.

f. Wenden Sie die Handgriffteile auf **rechts** und achten Sie darauf, dass die Nahtzugaben zwischen den Näheinlagenteilen liegen. Richten Sie die Griffteile aneinander aus, sodass die gerundeten Kanten sowohl innen als auch außen aufeinanderliegen.

g. Bügeln Sie die Griffteile zusammen und schließen Sie so die Wattierung ein. Auf jeder Seite der Oberkante stehen 1,3 cm Stoff über. Steppen Sie die inneren Kanten knappkantig und vernähen Sie die Fadenenden. Dieses Teil bildet nun einen einzelnen Handgriff.

h. Richten Sie die Unterkanten des Handgriffs aneinander aus und stecken Sie diese zusammen.

i. Wiederholen Sie die Schritte 9a bis 9h, um den zweiten Handgriff anzufertigen.

Abbildung 5

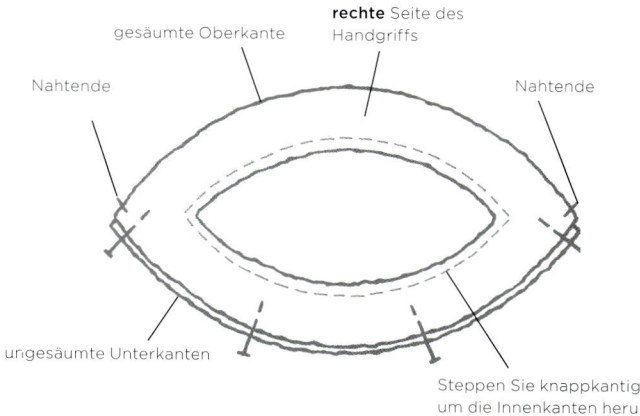

gesäumte Oberkante

rechte Seite des Handgriffs

Nahtende

Nahtende

ungesäumte Unterkanten

Steppen Sie knappkantig um die Innenkanten herum.

10 DIE VERSCHLUSSLASCHE ANFERTIGEN UND DEN MAGNETVERSCHLUSS BEFESTIGEN

a. Ermitteln Sie die Mitte der Verschlusslasche, um die Position des Magnetverschlusses festzulegen. Legen Sie die Lasche an den langen (12,7 cm) Kanten mittig zusammen und bügeln Sie vorsichtig einen Falz an der Bruchkante. Öffnen Sie die Lasche.

b. Messen Sie auf der **rechten** Seite der Verschlusslasche 4,4 cm von einer der kurzen Seiten am Mittelfalz nach unten. Markieren Sie die Stelle.

c. Zentrieren Sie den weiblichen Teil des Magnetverschlusses auf der 4,4-cm-Markierung und bringen Sie den Magnetverschluss gemäß der Hinweise des Herstellers an.

d. Falten Sie die Verschlusslasche **rechts** auf **rechts** in der Mitte zusammen, sodass die kurzen Seiten aufeinanderliegen. Stecken Sie die Kanten fest. Steppen Sie steppfußbreit entlang der Seitenkante, die Oberkanten bleiben ungesäumt. Vernähen Sie die Enden.

e. Stumpfen Sie die beiden Ecken ab, ohne durch die Naht zu schneiden. Wenden Sie die Verschlusslasche auf **rechts** und stülpen Sie die Ecken vorsichtig mit einem Wendewerkzeug aus.

f. Schlagen Sie die Kanten an der Öffnung jeweils 1,3 cm nach innen und stecken Sie die Kanten fest. Sie steppen diese Kante, wenn Sie die Verschlusslasche in Schritt 11n befestigen.

g. Ausgehend von der Oberkante steppen Sie knappkantig entlang der Seiten und über die Unterkante der Lasche. Vernähen Sie die Enden.

h. Wiederholen Sie Schritt 10a bis 10g, um die andere Verschlusslasche mit dem männlichen Teil des Magnetverschlusses herzustellen.

11 HENKEL UND VERSCHLUSSLASCHE ANBRINGEN UND DIE TASCHE FERTIGSTELLEN

a. Legen Sie die zusammengesteckten Unterkanten des ersten Handgriffs **rechts** auf **rechts** mit der eingeschnittenen mittleren Rundung eines Oberstoff-Hauptteils zusammen. Führen Sie vorsichtig die Ränder um die Kurve und stecken Sie alles Schritt für Schritt fest. (Siehe Abbildung 6 auf der nächsten Seite.)

b. Heften Sie 1 cm unterhalb der festgesteckten Kante zusammen.

c. Wiederholen Sie die Schritte 11a und 11b, um den zweiten Handgriff am anderen Oberstoff-Hauptteil zu befestigen.

d. Ziehen Sie das Futter über die Oberstofftasche – die **linke** Seite der Futtertasche und die **rechte** Seite der Oberstofftasche nach außen – und achten Sie darauf, dass die Handgriffe zwischen den Lagen liegen. Führen Sie das Futter um die Oberstofftasche und stecken Sie es nach und nach fest.

e. Steppen Sie steppfußbreit entlang der zusammengesteckten Kanten, Anfangs- und Endpunkt jeweils 1,3 cm von deren Enden entfernt. Sie nähen dabei durch das Oberstoff-Hauptteil, 2 Lagen des Handgriffstoffs (nicht durch die Wattierung) und das Futterhauptteil. Orientieren Sie sich für den Verlauf der Naht am Rand der Näheinlage. An jedem Ende der Handgriffe werden 1,3 cm von den Hauptteilen überstehen.

Abbildung 6

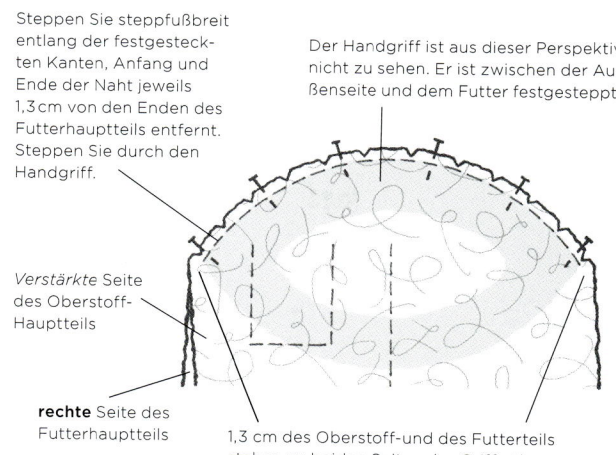

Steppen Sie steppfußbreit entlang der festgesteckten Kanten, Anfang und Ende der Naht jeweils 1,3 cm von den Enden des Futterhauptteils entfernt. Steppen Sie durch den Handgriff.

Der Handgriff ist aus dieser Perspektive nicht zu sehen. Er ist zwischen der Außenseite und dem Futter festgesteppt.

Diese Abbildung zeigt nicht die verbleibenden Oberkanten der Hauptteile. Sie liegen zwischen der Außenseite und den Futterteilen. Wenn Sie die Rundung an den Teilen um die gegenüberliegende Kurve auf dem Griff führen, sehen die Stücke ein wenig verzerrt aus.

Verstärkte Seite des Oberstoff-Hauptteils

rechte Seite des Futterhauptteils

1,3 cm des Oberstoff-und des Futterteils stehen zu beiden Seiten des Griffs über.

f. Wiederholen Sie Schritt 11d und 11e, um den zweiten Handgriff auf der anderen Seite der Oberstofftasche und des Futters anzubringen.

g. Ziehen Sie die verbleibenden Oberkanten der Oberstofftasche und des Innenfutters auf jeder Seite der beiden Handgriffe heran. Richten Sie die Oberkanten aneinander aus, auch den Überstand von 1,3 cm, und stecken Sie die Kanten zusammen.

Abbildung 7

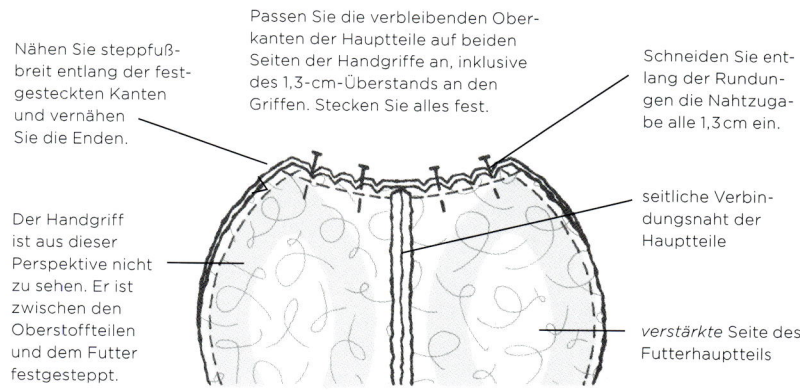

Nähen Sie steppfußbreit entlang der festgesteckten Kanten und vernähen Sie die Enden.

Passen Sie die verbleibenden Oberkanten der Hauptteile auf beiden Seiten der Handgriffe an, inklusive des 1,3-cm-Überstands an den Griffen. Stecken Sie alles fest.

Schneiden Sie entlang der Rundungen die Nahtzugabe alle 1,3 cm ein.

Der Handgriff ist aus dieser Perspektive nicht zu sehen. Er ist zwischen den Oberstoffteilen und dem Futter festgesteppt.

seitliche Verbindungsnaht der Hauptteile

verstärkte Seite des Futterhauptteils

h. Nähen Sie, beginnend an der Verbindungsnaht des ersten Handgriffs, steppfußbreit entlang der festgesteckten Kanten und über die Seitennaht bis zum zweiten Handgriff auf der anderen Seite. Vernähen Sie die Enden. Wiederholen Sie diesen Schritt, um die festgesteckte Kante über der anderen Seitennaht festzunähen.

i. Schneiden Sie die Nahtzugabe an den Rundungen alle 1,3 cm ein, ohne durch die Naht zu schneiden.

j. Wenden Sie die Tasche durch die 20,3 cm lange Öffnung im Futter auf **rechts**. Stecken Sie das Futter ins Innere der Tasche und bügeln Sie.

k. Steppen Sie knappkantig entlang der gesäumten Oberkante der Tasche, inklusive der oberen Rundungen der Handgriffe. Vernähen Sie die Enden.

l. Messen Sie am Futter des Griffs 15,9 cm von der Unterkante nach unten, um die Mitte für die Lasche anzuzeichnen.

m. Richten Sie die obere festgesteckte Kante der ersten Verschlusslasche mittig über der Markierung aus und lassen die Lasche am ersten Handgriff 0,6 cm überstehen. Stellen Sie sicher, dass der Magnetverschluss nach außen zeigt, und stecken Sie die Lasche fest. Wiederholen Sie das mit der zweiten Verschlusslasche. *Die Verschlusslaschen schnappen zusammen, wenn sie in der Tasche nach unten hängen.*

n. Steppen Sie beide Handgriffe knappkantig entlang der unteren Rundungen, sodass Sie die Oberseiten der Verschlusslasche mit befestigen. Vernähen Sie die Enden.

o. Ziehen Sie den Boden des Futters nach außen. Schlagen Sie die beiden Ränder an der Öffnung jeweils 1,3 cm nach innen und bügeln Sie diese. Stecken Sie die Kanten zusammen und verschließen Sie die Öffnung mit einem Kantenstich. Stecken Sie das Futter wieder in die Tasche und bügeln Sie erneut.

DEN DOPPELTEN BODEN ANFERTIGEN

a. Legen Sie die Teile für den doppelten Boden **rechts** auf **rechts** aufeinander und stecken Sie die Teile zusammen.

b. Nähen Sie die Längsseiten und eine kurze Seite steppfußbreit zusammen. Vernähen Sie die Enden.

c. Stumpfen Sie die Ecken innerhalb der Nahtzugabe ab, ohne durch die Naht zu schneiden.

d. Wenden Sie den doppelten Boden auf **rechts** und stülpen Sie die Ecken vorsichtig mit dem Wendewerkzeug aus.

e. Ziehen Sie den Schutzfilm der Näheinlagen ab und legen Sie diese zusammen, Kante auf Kante. Heften Sie die Wattierung einmal rundherum mit einem Abstand von 0,6 cm zum Rand zusammen.

f. Legen Sie die Wattierung in den doppelten Boden ein. Möglicherweise müssen Sie die Einlage vorsichtig biegen, wenn Sie diese in den Boden stopfen.

g. Schlagen Sie die Kanten an der Öffnung des Bodens jeweils 1,3 cm nach innen ein. Stecken Sie die Kanten zusammen und verschließen Sie die Öffnung mit einem Saumstich*. Bügeln Sie den doppelten Boden, um die Wattierung zu fixieren.

h. Steppen Sie den doppelten Boden einmal rundherum mit einem Abstand von 0,6 cm zum Rand ab. Setzen Sie den Boden in die Tasche ein, um ihr zusätzliche Stabilität zu verleihen.

Fräulein Mavens Rüschentasche ist fertig! Beim Ausgehen zeigt sie sich kokett von ihrer besten Seite und Sie ziehen die ganze Aufmerksamkeit auf sich.

12

Vielflieger-Handtasche/ Schultertasche

Mit dem großen Pfauenschwanz-Detail auf dieser Tasche können Sie Ihre Kreativität spazieren tragen! Nach dem Vorbild der 60er-Jahre-Reisetaschen verfügt diese gefiederte Tragetasche über moderne, klare Linien und einen praktischen Reißverschluss. Zwei Henkellängen werden Ihren verschiedenen Bedürfnissen gerecht. Der schwierigste Teil beim Herstellen dieser Tasche wird wahrscheinlich die Auswahl des Stoffs für die Federn sein!

GRÖSSE	**Handtasche**
	33 cm (43,2 cm am Boden) x 27,9 cm (mit Henkeln 42 cm), 10,2 cm tief
	Schultertasche
	33 cm (43,2 cm am Boden) x 27,9 cm (mit Henkeln 47 cm), 10,2 cm tief

STOFFE

- 140 cm eines 140 cm breiten, mittelschweren, festen Heimdekorstoffs für die Oberstoff-Seitenteile, Reißverschlussblenden, Henkel und das Innenfutter

- 50 eines zweiten 140 cm breiten mittelschweren Heimdekorstoffs für die Oberstoff-Hauptteile

- 35 cm eines 110 cm breiten, leichten bis mittelschweren bedruckten Stoffs für 6 Federn

- 35 cm eines 110 cm breiten, leichten bis mittelschweren, passend bedruckten Stoffs für 8 Federn

- 50 cm eines 110 cm breiten, leichten bis mittelschweren festen Stoffs für das Schrägband

ZUSÄTZLICHE MATERIALIEN

- 140 cm von 90 cm breiter fixierbarer Gewebeeinlage

- 65 cm von 90 cm breiter, formbeständiger Näheinlage (einseitig beschichtet)

- 65 cm von 90 cm breitem fixierbarem Volumenvlies

- 1 passender Reißverschluss

- 1 Spule passendes Allzweckgarn

- Schnittmusterbogen 7 und 8

Siehe Grundausstattung an Werkzeugen, die Sie für jedes Projekt brauchen (S. 14).

WERKZEUGE

- Kreppband

- Markierstift

- Nahttrenner

- Reißverschlussfuß für Ihre Maschine

- Handnähnadel

Befolgen Sie diese Anweisungen, egal welche Taschengröße Sie verwenden möchten. Etwaige Änderungen in den Abmessungen sind im jeweiligen Schritt angegeben.

1 DIE SCHNITTMUSTERTEILE ZUSCHNEIDEN

Schneiden Sie folgende Teile anhand der Schnittmusterbogen 7 und 8 zu:

• Hauptteil

• Seitenteil

• Feder A

• Feder B

• Feder C

• Feder D

2 ALLE TEILE AUS DEM STOFF AUSSCHNEIDEN

Tipp: Schreiben Sie die Namen der einzelnen Schnittteile mit Markierstift auf Kreppband und befestigen Sie es auf dem jeweiligen Teil, um sie auseinanderzuhalten.

a. Falten Sie den einlagigen Stoff an den Webkanten* jeweils 22,9 cm nach innen zu den **linken** Seiten ein.

Aus dem ersten festen Oberstoff

• 2 Hauptteile an der Bruchkante*

• 4 Seitenteile an der Bruchkante

b. Öffnen Sie den Stoff. Übertragen Sie die folgenden Markierungen direkt auf die **rechte** Seite des einlagigen Stoffs. Schneiden Sie dann entlang der Markierungen.

• 4 Reißverschlussblenden: 6,7 x 53,3 cm

• 2 Bodenteile: 12,7 x 45,7 cm

• 2 Einstecktaschen-Teile: 33 x 24,1 cm

• 2 Henkel für die Handtasche: 11,4 x 39,4 cm.

ODER

• 2 Henkel für die Schultertasche: 11,4 x 49,5 cm.

Aus passendem festen Oberstoff

• 2 Hauptteile an der Bruchkante.

c. Falten Sie die Stoffe für die Federn längs in der Mitte, sodass die **linken** Stoffseiten an den Webkanten aufeinanderliegen.

Aus dem ersten bedruckten, leichten bis mittelschweren Stoff

• 2 Federn A

• 4 Federn B

Aus dem zweiten gemusterten, leichten bis mittelschweren Stoff

• 4 Federn B

• 4 Federn D

Aus leichtem bis mittelschwerem Stoff für das Schrägband

d. Legen Sie den Stoff beiseite, Sie schneiden das Schrägband in Schritt 4a zu und bringen es dann an.

e. Öffnen Sie die zugeschnittenen Außen- und Futterteile. Verwenden Sie die Schnittteile als Muster in Originalgröße, um die Einlage und die Näheinlage zuzuschneiden.

Aus Gewebeeinlage

- 2 Hauptteile
- 2 Seitenteile
- 2 Reißverschlussblenden
- 2 Bodenteile
- 2 Henkelteile
- 1 Einstecktaschen-Teil

f. Um die Federn aus der Gewebeeinlage auszuschneiden, falten Sie die Schnittkante der Einlage 15,2 cm um, sodass die beschichteten Seiten aufeinanderliegen.
- 2 Federn A

Falten Sie die Einlage erneut 15,2 cm ein.

- 2 Federn B
- 2 Federn C

Falten Sie die Einlage erneut 15,2 cm ein.

- 2 Federn B
- 2 Federn C

Falten Sie die Einlage erneut 15,2 cm ein.

- 2 Federn D

Aus fixierbarer formbeständiger Näheinlage

- 2 Hauptteile
- 2 Seitenteile

g. Übertragen Sie die Abmessungen mit Lineal und Markierstift direkt auf eine einzelne Lage stabile Näheinlage. Schneiden Sie entlang der Linien.
- 2 Bodenteile: 10,2 x 43,2 cm

h. Messen Sie auf jedem der Haupt- und Seitenteile aus Näheinlage rundherum 1,3 cm vom Rand nach innen. Markieren Sie die Punkte und verbinden Sie sie mit einer Linie. Schneiden Sie entlang der Markierung. Auf diese Weise reduzieren Sie die Stoffmenge in den Nahtzugaben*.

Aus fixierbarem Volumenvlies
- 2 Reißverschlussblenden: 3,8 x 50,8 cm
- 2 Einlagen für die kurzen Henkel: 2,9 x 39,4 cm
ODER
- 2 Einlagen für die langen Henkel: 2,9 x 49,5 cm

3   EINLAGEN ANBRINGEN

Siehe Seite 182 für Tipps zum Anbringen von Bügeleinlagen und Volumenvlies.

a. Legen Sie die **linke** Seite jeder Feder auf die beschichtete Seite der jeweils passenden Einlagenstücke. Bügeln Sie die Gewebeeinlage mit einem angefeuchteten Bügeltuch* an. Wenden Sie das Teil und bügeln Sie erneut, damit keine Falten entstehen.

b. Platzieren Sie das Hauptteil aus stabiler Einlage mittig auf der **linken** Seite des ersten Oberstoff-Hauptteils, sodass an den Rändern 1,3 cm des Oberstoffs überstehen. Legen Sie dann die beschichtete Seite der Gewebeeinlage auf die stabile Näheinlage und bügeln Sie sie fest. Die Kanten werden versiegelt und die Wattierung eingeschlossen. Legen sie das Teil beiseite.

c. Wiederholen Sie Schritt 3b, um die Gewebe- und Näheinlage auf der **linken** Seite zweier Seitenteile anzubringen. Diese werden ab jetzt als Oberstoff-Seitenteile bezeichnet.

d. Legen Sie 2 Bodenteile aus stabiler Näheinlage mit den beschichteten Seiten aneinander. Richten Sie die Kanten aneinander aus und bügeln Sie sie fest.

e. Wiederholen Sie Schritt 3b, um die feste Näheinlage und die Gewebeeinlage an einem Bodenteil zu befestigen. Dieses wird ab jetzt als das Oberstoff-Bodenteil bezeichnet.

f. Wiederholen Sie Schritt 3b, um das Volumenvlies und die Gewebeeinlage auf 2 der Reißverschlussblenden anzubringen. Legen Sie diese beiseite; ab jetzt werden sie als Oberstoff-Reißverschlussblenden bezeichnet.

g. Platzieren Sie die beschichtete Seite der Gewebeeinlage auf der **linken** Seite beider Henkel und auf jeweils einem der Boden- und Einstecktaschen-Teile. Bügeln Sie die Einlage fest und legen Sie die Teile beiseite.

4   DAS SCHRÄGBAND HERSTELLEN UND ANBRINGEN

a. Folgen Sie den Anweisungen im Glossar (S. 172), um 10–15 Streifen Schrägband (26 cm breit) zuzuschneiden und zu einer Gesamtlänge von 6,86 m zusammenzufügen.

Schneiden Sie entlang der Rundung alle 1,3–1,9 cm V-förmige Keile aus der Nahtzugabe. Schneiden Sie nicht durch die Naht.

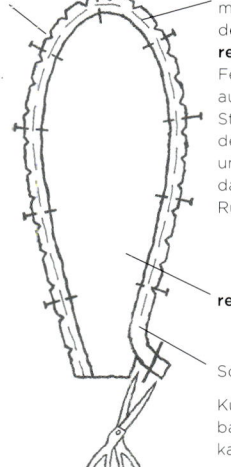

Abbildung 1

Richten Sie die zusammengelegten Kanten des Schrägbands auf der **rechten** Seite der ersten Feder mit deren Unterkante aus. Stecken Sie es fest. Steppen Sie 0,6 cm von der Schnittkante entfernt und führen Sie dabei das Schrägband um die Rundung.

rechte Seite der Feder

Schrägband

Kürzen Sie das Schrägband passend zur Unterkante der Feder.

b. Falten Sie das Schrägband längs in der Mitte, mit den **linken** Seiten aufeinander, und bügeln Sie den Falz. Heften Sie mit einem Abstand von 0,6 cm zu den zusammengelegten Kanten.

c. Richten Sie die zusammengelegten Kanten des Schrägbands auf der **rechten** Seite der ersten Feder mit deren Schnittkante aus. Stecken Sie die Teile fest. Steppen Sie das Schrägband Stück für Stück 0,6 cm von der Schnittkante entfernt an. Führen Sie dabei das Schrägband vorsichtig um die Rundung der Feder. Vernähen* Sie die Enden.

d. Kerben* Sie entlang der Rundung die Nahtzugabe alle 1,3–1,9 cm V-förmig ein. Schneiden Sie nicht durch die Naht.

e. Schlagen Sie die eingeschnittenen Kanten in Richtung der verstärkten Seite ein und bügeln Sie. Schneiden Sie das überstehende Schrägband an der Unterkante der Feder ab.

f. Wiederholen Sie Schritt 4c bis 4e, um das Schrägband an den anderen 13 Federn anzubringen.

DIE FEDERN AM OBERSTOFF-HAUPTTEIL ANBRINGEN

a. Teilen Sie die Federn in 2 Sets. Auf jedem Oberstoff-Hauptteil werden 2 Federn D, C und B sowie eine Feder A in der Mitte angebracht.

b. Legen Sie das erste Hauptteil mit der **rechten** Seite nach oben vor sich. Messen Sie an der Unterkante von jeder Ecke 7 cm nach innen ab und markieren Sie die Stellen.

c. Legen Sie aus dem ersten Federn-Set jeweils 1 Feder D innen an die Markierung an und richten Sie die Unterkanten von Feder und Hauptteil aneinander aus. Stecken Sie die Teile fest.

d. Steppen Sie im Nahtschatten* der Naht zwischen Schrägband und Feder einmal um die gesamte Feder herum. Vernähen Sie die Enden.

e. Wiederholen Sie Schritt 5b bis 5d mit den folgenden Abmessungen, jeweils von den Ecken der Unterkante nach innen gemessen:
• Feder C: 15 cm
• Feder B: 17 cm
• Feder A: in der Mitte des Hauptteils

f. Wiederholen Sie Schritt 5b bis 5e, um das zweite Set von Federn am zweiten Hauptteil zu befestigen.

Legen Sie die Teile beiseite.

DIE HENKEL ANFERTIGEN

Folgen Sie dieser Anleitung, egal ob Sie die kurzen oder die langen Henkel anfertigen.

a. Falten Sie den ersten Henkelstreifen längs in der Mitte zusammen, mit den verstärkten Seiten aufeinander. Bügeln Sie an der Bruchkante einen Falz.

b. Öffnen Sie den Henkelstreifen. Falten Sie die Längsseiten bis zum Mittelfalz ein und bügeln Sie die Kanten.

c. Legen Sie eine der Henkeleinlagen unter eine der eingeschlagenen Kanten, die beschichtete Seite zeigt nach oben.

d. Falten Sie den Henkel wieder am Mittelfalz zusammen, sodass die eingeschlagenen Kanten gesichert sind. Stecken Sie die Seiten fest und bügeln Sie den Henkel, um die Einlage zu fixieren.

e. Steppen Sie knappkantig* entlang beider Längsseiten und vernähen Sie die Fadenenden.

f. Steppen Sie 0,6 cm vom Rand entfernt ab, auf beiden Seiten des Henkels. Vernähen Sie die Enden.

g. Wiederholen Sie Schritt 6a bis 6f, um den zweiten Henkel anzufertigen.

7 DIE HENKEL AM HAUPTTEIL BEFESTIGEN

a. Messen Sie auf dem ersten Oberstoff-Hauptteil 10,2 cm von beiden Ecken an der Oberkante nach innen. Markieren Sie die Stellen.

b. Legen Sie die Innenkante des einen Henkelendes an der Außenseite der ersten Markierung an. Die unversäuberten Kanten liegen dabei aufeinander. Stecken Sie die Teile zusammen.

c. Heften Sie 1,6 cm vom Saum entfernt das Henkelende an das Hauptteil.

d. Legen Sie das andere Ende des Henkels an der Außenseite der zweiten Markierung an, ohne den Henkel dabei zu verdrehen. Stecken Sie ihn fest und heften Sie wieder.

e. Wiederholen Sie Schritt 7a bis 7d, um den zweiten Henkel am zweiten Hauptteil zu befestigen.

Legen Sie die Hauptteile einstweilen beiseite.

8 DEN REISSVERSCHLUSS AN DEN BLENDEN ANBRINGEN

a. Legen Sie die Oberstoff-Reißverschlussblenden **rechts** auf **rechts** an den Kanten aneinander und stecken Sie entlang einer Längsseite zusammen. Messen Sie an der festgesteckten Kante von beiden Seiten 2,5 cm nach innen und markieren Sie die Stelle. Steppen Sie dann 1,6 cm unterhalb der festgesteckten Kante von beiden Seiten nach innen, bis Sie jeweils die Markierung erreicht haben. Vernähen Sie die Enden.

b. Heften Sie die verbleibende Längskante zwischen den Nahtenden mit einem Abstand von 1,6 cm zum Rand. Bügeln Sie die Nahtzugabe der gesäumten Kante auf. Legen Sie die Blendenstreifen nebeneinander, sodass die Nahtzugabe in der Mitte nach oben zeigt.

c. Legen Sie den Griff des Reißverschlusses auf den Beginn der Heftnaht. Die Zähnchen liegen mittig über der Naht. Stecken Sie den Reißverschluss fest.

d. Nähen Sie den Reißverschluss mithilfe des Reißverschlussfußes Ihrer Maschine zuerst auf der Oberseite des Reißverschlussbands an, 1 cm neben den Zähnchen. Schwenken* Sie das Band und steppen Sie 1,9 cm über das Ende des Reißverschlusses; schwenken Sie erneut und steppen Sie entlang der zweiten Längsseite des Bands. Schwenken Sie wieder und steppen Sie über das andere Ende des Reißverschlusses. Vernähen Sie die Fadenenden.

e. Entfernen Sie die Heftnaht mit einem Nahttrenner, um den Saum zu öffnen, sonst funktioniert der Reißverschluss nicht.

9 DIE OBERSTOFF-SEITENTEILE AN DEN REISSVERSCHLUSSBLENDEN ANBRINGEN

a. Legen Sie die Oberstoff-Seitenteile und die Blendenstreifen **rechts** auf **rechts** aneinander, sodass die kurzen Seiten aufeinanderliegen. Stecken Sie jeweils die kurzen Enden fest. Steppen Sie die festgesteckten Kanten steppfußbreit und vernähen Sie die Enden. Bügeln Sie die Nahtzugabe in Richtung Seitenteile.

b. Steppen Sie 0,6 cm unterhalb der eben genähten Befestigungsnaht ab, sodass die Nahtzugabe darunter eingeschlossen ist.

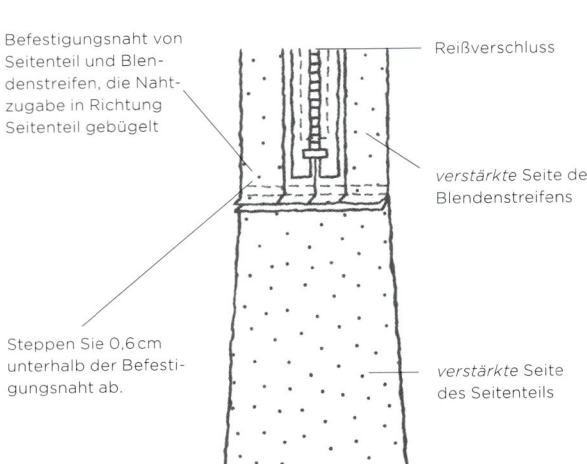

Abbildung 2

Befestigungsnaht von Seitenteil und Blendenstreifen, die Nahtzugabe in Richtung Seitenteil gebügelt

Reißverschluss

verstärkte Seite des Blendenstreifens

Steppen Sie 0,6 cm unterhalb der Befestigungsnaht ab.

verstärkte Seite des Seitenteils

10 DIE HAUPTTEILE MIT DEM BLENDESTREIFEN-/SEITENTEIL VERBINDEN

a. Falten Sie den Blendenstreifen in der Mitte zusammen, die kurzen Enden aufeinander. Stecken Sie auf jeder Seite des Blendenstreifens eine Nadel in das Ende der Bruchkante, um die Mitte zu markieren. Markieren Sie so auch die obere Mitte an jedem Hauptteil.

b. Legen Sie das erste Hauptteil mit dem Blendenstreifen **rechts** auf **rechts** aneinander, sodass die markierten Mittelpunkte aufeinanderliegen. Stecken Sie die Teile entlang der Oberkante des Hauptteils zusammen.

c. Nähen Sie am Hauptteil jeweils 1,3 cm von den Seitenrändern entfernt steppfußbreit unterhalb der festgesteckten Kante. Vernähen Sie die Enden.

d. Schneiden Sie die Nahtzugabe der Reißverschlussblende jeweils an den Enden dieser Naht ein.

e. Biegen Sie die Reißverschlussblende an der ersten Einkerbung um und richten Sie sie an der Seitenkante des Hauptteils aus; stecken Sie sie fest. Wiederholen Sie den Schritt, um die anderen Seitenkanten zusammenzustecken.

f. Steppen Sie entlang der Kanten steppfußbreit nach unten; beginnen Sie jeweils an der ersten Einkerbung auf dem Blendenstreifen und hören Sie 1,3 cm oberhalb der Unterkante auf. Vernähen Sie die Enden.

g. Wiederholen Sie Schritt 10b bis 10f, um das zweite Hauptteil auf der anderen Seite des Blendenstreifens anzubringen.

h. Stumpfen* Sie die Ecken in der Nahtzugabe ab, ohne durch die Naht zu schneiden.

11 DAS BODENTEIL AM HAUPTTEIL UND DEN SEITENTEILEN BEFESTIGEN

Lassen Sie den Reißverschluss in diesem Schritt geöffnet, damit Sie die Tasche auf rechts wenden können.

a. Legen Sie die Längsseite eines Bodenteils und die Unterkante des ersten Hauptteils **rechts auf rechts** aufeinander und stecken Sie die Teile fest. Steppen Sie steppfußbreit entlang der festgesteckten Kante, Anfang und Ende jeweils 1,3 cm von den Seitenrändern entfernt. Vernähen Sie die Enden.

Legen Sie die Längskanten von Bodenteil und Hauptteil **rechts** auf **rechts** aneinander. Stecken Sie fest und steppen Sie 1,3 cm von der Kante entfernt, Anfang und Ende jeweils 1,3 cm innerhalb der Seiten.

Abbildung 3

verstärkte Seite des Oberstoff-Hauptteils

Ecken abstumpfen

verstärkte Seite des Oberstoff-Bodenteils

Ecken abstumpfen

Richten Sie die kurze Seite des Bodenteils an der Unterkante des Seitenteils aus. Stecken Sie fest und steppen Sie steppfußbreit entlang der Kante, jeweils 1,3 cm innerhalb der Seiten.

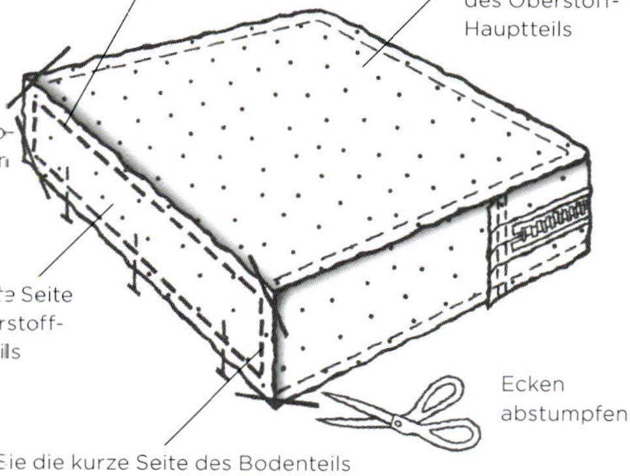

b. Wiederholen Sie Schritt 11a, um die andere Längsseite des Bodenteils an der Unterkante des zweiten Hauptteils anzubringen.

c. Richten Sie die Unterkante des einen Seitenteils an der kurzen Kante des Bodenteils aus. Stecken Sie die Seiten zusammen. Nähen Sie die zusammengesteckten Ränder steppfußbreit zusammen, jeweils 1,3 cm innerhalb der Seitenränder. Vernähen Sie die Fadenenden.

d. Wiederholen Sie Schritt 11c, um das Bodenteil an der Unterkante des zweiten Seitenteils anzubringen.

e. Stumpfen Sie die Ecke innerhalb der Nahtzugabe ab, ohne durch die Naht zu schneiden.

f. Wenden Sie das Äußere der Tasche auf **rechts** und stülpen Sie die Ecken vorsichtig mit einem Wendewerkzeug* aus. Bügeln Sie die Tasche.

Legen Sie das Teil beiseite.

12 DIE EINSTECKTASCHE ANFERTIGEN UND AM FUTTER BEFESTIGEN

a. Legen Sie die Einstecktaschenteile mit den **rechten** Seiten aneinander und stecken Sie die Oberkante und die Seitenkanten fest. Nähen Sie steppfußbreit entlang der festgesteckten Kanten und vernähen Sie die Enden.

b. Stumpfen Sie die Ecken innerhalb der Nahtzugabe ab, ohne in die Naht zu schneiden.

c. Wenden Sie die Taschenteile auf **rechts** und bügeln Sie entlang der gesäumten Kanten. Steppen Sie 1,3 cm unterhalb der gesäumten Oberkante ab und vernähen Sie die Enden.

d. Falten Sie die Einstecktasche in der Mitte, sodass die Seitenränder aufeinanderliegen. Bügeln Sie vorsichtig einen Falz entlang der Bruchkante. Markieren Sie auf die gleiche Weise die Mitte der Futterteile.

e. Platzieren Sie die Einstecktasche auf der **rechten** Seite des Futterhauptteils, die Mittelmarkierungen und Unterkanten deckend. Stecken Sie die Teile fest. Befestigen Sie die Seitenkanten mit einem Kantenstich und vernähen Sie die Fadenenden. Heften Sie die Unterkanten mit einem Abstand von 0,6 cm zum Rand zusammen.

13 DAS FUTTER ANFERTIGEN

a. Legen Sie das Futter für die Blendenstreifen **rechts** auf **rechts** entlang der Kanten zusammen und stecken Sie eine Längsseite fest. Steppen Sie 1,9 cm unterhalb der festgesteckten Kante, Anfang und Ende jeweils 2,5 cm von den kurzen Seiten entfernt. Vernähen Sie die Enden.

b. Falten Sie die Kanten zwischen den gesäumten Enden des Blendenstreifens 1,9 cm nach innen in Richtung der **linken** Seiten und bügeln Sie die Ränder. Bügeln Sie dann die Nahtzugabe an den jeweiligen Enden der Teile auf.

c. Wiederholen Sie Schritt 9a, um die Seitenteile an jedem Ende des Blendenstreifens anzubringen, hier allerdings mit einer Nahtzugabe von 1,6 cm.

d. Wiederholen Sie Schritt 10 und 11, um das Seiten-/Blendenstreifenteil und die Bodenteile am Futterhauptteil zu befestigen. Steppen Sie mit einem Abstand von 1,6 cm, damit das Futter gemütlich in das Innere der Tasche passt. Wenden Sie *nicht* auf **rechts**.

14 DAS INNENFUTTER AN DER OBERSTOFFTASCHE BEFESTIGEN

a. Stülpen Sie das Innenfutter über die Oberstofftasche – die **rechte** Seite des Oberstoffs und die **linke** Seite des Futters nach außen – und richten Sie die Seiten- und Unterkanten aneinander aus. Legen Sie die Befestigungsnaht von Hauptteil und Blendenstreifen auf der Außenseite und dem Futter aufeinander und stecken Sie die erste Seite zusammen.

b. Steppen Sie auf der Außenseite der Tasche in den Nahtschatten der Befestigungsnaht zwischen Blendenstreifen und Hauptteilen. Nähen Sie von der Außenkante eines der Henkelenden zum anderen Ende des zweiten Henkels. Vernähen Sie die Enden. Sie nähen dabei sowohl durch den Oberstoff als auch das Futter; so wird das Futter an der Oberseite der Tasche fixiert.

c. Wiederholen Sie Schritt 14a und 14b, um die Kanten auf der anderen Seite der Tasche auszurichten und festzusteppen.

d. Klappen Sie die Seiten des Blendenstreifens um, sodass das Futter nach außen zeigt (Sie müssen nicht das gesamte Taschenfutter nach außen stülpen). Platzieren Sie die gefalteten Kanten des Futters der Blendenstreifen genau auf der Nahtlinie auf dem Reißverschluss und stecken Sie es an jeder Seite fest. Schließen Sie jede lange gefaltete Kante mit einem Saumstich*. Drehen Sie die Oberseite der Tasche wieder auf **rechts** und bügeln Sie.

Ihre Vielfliegertasche ist fertig! Mit ihrem aufregenden Pfauenfedern-Design ist diese Tasche bestens geeignet, um Ihre Arbeitsutensilien zu transportieren oder einfach nur alles, was Sie für einen Flug brauchen.

Glossar

Absteppen – Absteppen wird für mehrere Zwecke verwendet. Es schließt Ihr Projekt ab und veleiht ihm ein gepflegtes Erscheinungsbild; es verschließt verbleibende Öffnungen nach dem Wenden eines Projekts auf **rechts**. Absteppen kann außerdem zum Anlegen einer Verstärkungsnaht verwendet werden, indem Sie eine weitere Reihe von Stichen in Bereichen hinzufügen, die stark genutzt werden und so schneller verschleißen. Um abzusteppen, steppen Sie parallel zu einer Kante oder einer anderen Naht in der Entfernung, die in der Projektanleitung angegeben ist.

Blindstich/Saumstich – Er wird häufig verwendet, um zwei gefaltete Kanten nahezu unsichtbar zu verbinden. Dabei wird der Faden unter dem Falz verborgen. Sie benötigen ein langes Stück Faden und eine spitze Nadel.

a. Führen Sie ein Ende des Fadens durch das Nadelöhr zu seinem anderen Ende zurück, damit er doppelt liegt. Legen Sie die Fadenenden aufeinander und machen Sie einen Doppelknoten.

b. Führen Sie die Nadel durch den Stoff und ziehen Sie den Faden straff, bis der Knoten verdeckt ist.

c. Stecken Sie die Nadel durch ein paar Fäden an der anderen Stoffkante. Ziehen Sie den Faden durch, bis er straff ist.

d. Führen Sie die Nadel zurück in die erste Seite, etwa 1,3 cm versetzt und verstecken Sie den Faden im Falz. Stecken Sie die Nadel durch den Stoff und ziehen Sie den Faden wieder straff.

e. Wiederholen Sie diesen Vorgang, bis Sie beide Stoffteile zusammengenäht haben. Gestalten Sie die Abstände zwischen den Stichen gleichmäßig.

f. Zum Schluss verschließen Sie die Naht, indem Sie einen Doppelknoten nah am Stoff machen; schneiden Sie die überstehenden Fäden ab, um die Nadel zu befreien.

An der **Bruchkante** ausschneiden – Um ein halbes Schnittmuster aus dem Stoff zuzuschneiden, legen Sie das Schnittmusterteil an der Bruchkante des gefalteten Stoffs an und schneiden entlang der Vorlage. Sobald Sie das Schnittmusterteil zugeschnitten haben, falten Sie den Stoff auseinander und erhalten auf diese Weise das Schnittteil in voller Größe.

Bügeleinlage – Befolgen Sie die Anweisungen des Herstellers. Siehe Seite 182 für Tipps zum Anbringen von Bügeleinlagen und Volumenvlies.

Bügeltuch – Ein Bügeltuch ist ein Stück neutraler Stoff, der zwischen das Projekt und das Bügeleisen gelegt wird, um glänzende Stellen oder ein Versengen durch die Hitze des Bügeleisens zu verhindern. Sie können das Bügeltuch anfeuchten, wenn Sie beim Bügeln mehr Dampf anwenden wollen, um Nähte flach zu bügeln oder Falten zu entfernen.

Ecken abstumpfen – Diese Abschlusstechnik wird verwendet, um die Ecken Ihres Projekts in Form zu bringen. Mit einer Schere schneiden Sie die Spitze der Ecke in der Nahtzugabe ab und beseitigen so den Überschuss. Achten Sie darauf, nicht über oder in die Naht zu schneiden. Sobald Sie das Projekt auf **rechts** gewendet haben, werden die Ecken ein ordentliches Aussehen haben.

Eckenkeil – Dies ist ein kleines quadratisches oder dreieckiges Stück Stoff, das entsteht, wenn eine seitliche Naht flach an einer Bodennaht oder Falte aufliegt und quer darauf festgenäht wird. Ein Eckenkeil formt aus einem Boden mit flacher Naht einen rechteckigen Boden.

Einschneiden/Einkerben - Einkerben bzw. Einschneiden gibt Ihrer Nahtzugabe mehr Dehnbarkeit, vor allem, wenn sie rund verläuft. Die Nähte liegen flach auf und Sie können Ihr Projekt leichter umstülpen. Wenn Sie einkerben oder einschneiden, knipsen Sie mit einer Schere innerhalb der Nahtzugabe bis zur Naht und achten Sie darauf, nicht durch die Stiche zu schneiden.

Fadenlauf - Die meisten Stoffe werden mit einer Reihe von Kettfäden gewebt, die im rechten Winkel zu den Schussfäden verlaufen. Der Fadenlauf zeigt die Richtung dieser Fäden an. Der Längsfadenlauf (auch gerader Fadenlauf genannt) bezeichnet die Laufrichtung der Kettfäden, die parallel zur Webkante verlaufen. Beim schrägen Fadenlauf verlaufen die Kettfäden quer über den Stoff von Webkante zu Webkante. Schrägband nutzt die diagonalen Linien, die entweder den Längsfaden- oder schrägen Fadenlauf kreuzen. Der Schrägbandfalz entsteht durch die diagonale Faltung eines Stoffrechtecks, bei dem die Webkante (oder eine Schnittkante der Längsfaser) mit einer Schnittkante quer zum Fadenlauf ausgerichtet wird, wodurch ein 45-Grad-Winkel entsteht.

Heften – Der Heftstich wird verwendet, um Stoffteile lose aneinander zu befestigen, bis sie endgültig angenäht werden. Verwenden Sie die größte Stichlänge Ihrer Maschine, so können Sie die Heftnaht später leicht entfernen. Die Enden der Naht müssen Sie nicht vernähen.

Kantenstich – Mit dieser Naht, die mit der Maschine nahe der Kante angelegt wird, versäubern Sie am Ende den Saum oder die Kante eines Projekts, schließen eine Öffnung oder befestigen etwas.

Längsfadenlauf – siehe Fadenlauf

Markierungen vom Schnittmuster auf Stoff **übertragen** – Auf einer harten, glatten Oberfläche legen Sie wachsfreies Übertragungspapier mit der farbigen Seite auf die **rechte** Stoffseite. Legen Sie das Schnittmuster auf das Übertragungspapier. Rollen Sie das Kopierrädchen fest um oder über die Linie, um sie zu übertragen. Verschieben Sie das Übertragungspapier, um ein Muster fortzusetzen, oder, falls Sie fertig sind, entfernen Sie es. Die Linien sind auf dem Stoff zu sehen.

Im Nahtschatten nähen– Eine Naht im Nahtschatten, entweder maschinell oder von Hand gesetzt (siehe Anweisung), wird in der durch die Naht gebildeten Nut gesteppt. Achten Sie darauf, alle Nähte untereinander auszurichten, sodass der Nahtschatten ordentlich verläuft.

Nahtzugabe - Die Nahtzugabe bezeichnet den Bereich zwischen der Nahtlinie und der Stoffkante Sie kann aufgebügelt oder zu einer Seite gebügelt werden, je nach Angabe in der Projektanleitung.

Nahtzugabe kürzen - Diese Technik reduziert die Stoffmenge entlang der gerundeten Kanten, sodass sie flach aufliegen, wenn Sie das Projekt auf **rechts** wenden. Schneiden Sie mit der Schere den überschüssigen Stoff in der Nahtzugabe ab. Achten Sie darauf, diesen Bereich aufzubügeln, nachdem Sie auf **rechts** gewendet haben.

Raffnaht - Eine Raffnaht legen Sie an, indem Sie mit der größten Stichlänge auf Ihrer Maschine und einer lockeren Fadenspannung nähen und dann am Unterfaden ziehen, um den Stoff zu raffen (vernähen Sie die Fadenenden nicht).

Riegelstich - Um einen Saum oder das Ende eines Reißverschlusses zu versäubern, verwenden Sie den breitesten Zickzackstich Ihrer Maschine und steppen mehrere Male an Ort und Stelle.

Schrägband - Siehe Fadenlauf

Schrägband zuschneiden - Für den Zuschnitt des Schrägbands legen Sie den Stoff zunächst auf eine flache Oberfläche, mit der **rechten** Stoffseite nach oben. Falten Sie eine Ecke **rechts** auf **rechts** mit der Webkante auf eine der Schnittkanten, sodass eine Dreiecksform entsteht. Bügeln Sie an der Kante einen Falz. Falten Sie den Stoff auf und schneiden Sie entlang des Falzes.

Abbildung 1

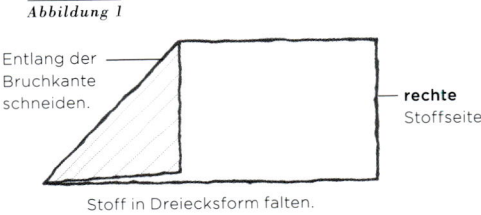

Entlang der Bruchkante schneiden.

rechte Stoffseite

Stoff in Dreiecksform falten.

Messen Sie beginnend an einem Ende der Schnittkante auf der **rechten** Seite des Stoffs den Abstand
ab, der in der Projektanleitung angegeben ist,
und markieren Sie ihn. Setzen Sie ausgehend vom
anderen Ende ebenfalls eine Markierung. Ziehen
Sie mit Lineal und Markierstift zwischen den beiden
Punkten eine Verbindungslinie. Dadurch entsteht
ein Schrägband in der für das Projekt benötigten
Breite, das parallel zur Schnittkante verläuft. Messen
Sie weitere Streifen des Schrägbands ab, bis Sie die
in der Projektanleitung angegebene erforderliche
Länge erreicht haben.

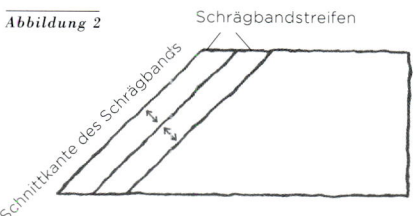

Abbildung 2
Schrägbandstreifen
Schnittkante des Schrägbands

Um die Streifen zu einem langen Stück zu verbinden, legen Sie die Streifen **rechts** auf **rechts** senk-
recht aufeinander. Steppen Sie entlang der kurzen
schrägen Kanten der Streifen, mit einer Nahtzugabe
von 1,3 cm. Kürzen Sie dann die Nahtzugabe auf
0,6 cm und bügeln Sie diese auf. Schneiden Sie die
überstehenden Eckchen an den Saumkanten des
Schrägbands ab. Wiederholen Sie den Vorgang, bis
alle Streifen zu einem langen Schrägband verbunden sind.

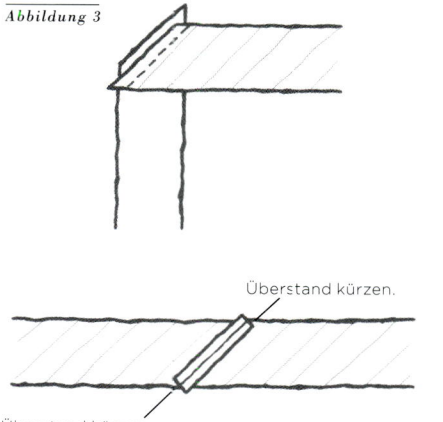

Abbildung 3

Überstand kürzen.

Überstand kürzen.

Schräger Fadenlauf – siehe Fadenlauf

Schwenken – Das Schwenken wird verwendet,
wenn Sie eine Ecke oder Stelle erreichen, an der Sie
wenden oder in einer anderen Richtung weiternähen wollen. Um zu schwenken, hören Sie mit dem
Steppen auf, lassen die Nadel aber in der unteren
Position, damit der Stoff an Ort und Stelle bleibt.
Heben Sie den Nähfuß an und drehen Sie den Stoff
in die Richtung, in der Sie weiternähen möchten.
Senken Sie nun den Nähfuß wieder.

Vernähen – Um zu vernähen, stellen Sie an Ihrer
Maschine den Rückwärtsstich ein und nähen drei
oder vier Stiche rück- und dann wieder vorwärts. So
verhindern Sie, dass sich die Naht wieder auftrennt.

Verstärkungsnaht – Verstärkungsnähte werden vor
dem Zusammennähen in der Nahtzugabe gesetzt,
um gerundete oder schräge Kanten zu stabilisieren, damit sich der Stoff an diesen Rändern nicht
verzieht.

Webkante – Der schmale, dicht gewebte Abschluss-
rand befindet sich an jeder Seite der Längsfaser
Ihres Stoffs.

Wendewerkzeug – Meist ein spitzer Gegenstand,
wie etwa eine geschlossene Schere, der verwendet
wird, um die Ecken an einem Projekt auszustülpen,
nachdem es auf **rechts** gewendet wurde. Spezielle
Wendewerkzeuge aus Holz oder Kunststoff können
Sie im Nähbedarfs- oder Stoffgeschäft erwerben.
Besondere Vorsicht beim Ausstülpen ist gebo-
ten, wenn Sie mit leichten, empfindlichen Stoffen
arbeiten.

Stoffverzeichnis

WELTENBUMMLERTASCHE (S. 19)

Schultertasche

Oberstoff:
AB-25 Honeycomb
Farbe: Rust
Aus der Kollektion „Midwest Modern"

Blende/Henkel/Riemen:
AB-45
Farbe: Gold
Aus der Kollektion „Quilting-weight Solids"

Futter:
AB-32 Fresh Poppies
Farbe: Rose
Aus der Kollektion „Midwest Modern"

Handtasche

Oberstoff:
AB-34 Wildflowers
Farbe: Rose
Aus der Kollektion „Daisy Chain"

Blende/Futter:
AB-35 Mosaic
Farbe: Rose
Aus der Kollektion „Daisy Chain"

ZU SEHEN AUF SEITE 8

Handtasche (unten links)

Hauptteil:
AB-51 Water Bouquet
Farbe: Mist
Aus der Kollektion „Love"

Blende/Henkel/Riemen:
AB-47 Cypress Paisley
Farbe: Blush
Aus der Kollektion „Love"

Schultertasche (unten rechts)

Hauptteil:
AB-52 Bali Gate
Farbe: Pink
Aus der Kollektion „Love"

Blende/Henkel/Riemen:
AB-50 Bliss Bouquet
Farbe: Emerald
Aus der Kollektion „Love"

SHOPPER ZUM WENDEN (S. 31)

Tasche 1

Oberstoff:
HDABS-13 Coreopsis
Farbe: Peach
Aus der Kollektion „August Fields"

Einstecktaschen/Henkel/Wendeseite:
HDABS-10 Sunrise
Farbe: Seafoam
Aus der Kollektion „August Fields"

Tasche 2

Oberstoff:
HDABS-09 Knot Garden
Farbe: Olive
Aus der Kollektion „August Fields"

Einstecktaschen/Henkel/Wendeseite:
HDABS-11 Graceful Vine
Farbe: Moss
Aus der Kollektion „August Fields"

Tasche 3

Oberstoff:
HDABS-10 Sunrise
Farbe: Seafoam
Aus der Kollektion „August Fields"

Einstecktaschen/Henkel/Wendeseite:
HDABS-15 Full Bloom
Farbe: Forest
Aus der Kollektion „August Fields"

ORIGAMI-TASCHENSET (S. 41)

Kleine Tasche

Oberstoff A:
HDABS-12 Fresh Start
Farbe: Spruce
Aus der Kollektion „August Fields"

Oberstoff B:
HDABS-13 Coreopsis
Farbe: Green
Aus der Kollektion „August Fields"

Futter:
HDABS-09 Knot Garden
Farbe: Grey
Aus der Kollektion „August Fields"

Minitasche

Oberstoff A:
HDABS-12 Fresh Start
Farbe: Grey
Aus der Kollektion „August Fields"

Oberstoff B:
HDABS-10 Sunrise
Farbe: Grey
Aus der Kollektion „August Fields"

Futter:
HDABS-09 Knot Garden
Farbe: Grey
Aus der Kollektion „August Fields"

Kleine Tasche

Oberstoff A:
HDABS-13 Coreopsis
Farbe: Green
Aus der Kollektion „August Fields"

Oberstoff B:
HDABS-12 Fresh Start
Farbe: Spruce
Aus der Kollektion „August Fields"

Futter:
HDABS-09 Knot Garden
Farbe: Grey
Aus der Kollektion „August Fields"

Mittlere Tasche

Oberstoff A:
HDABS-10 Sunrise
Farbe: Grey
Aus der Kollektion „August Fields"

Oberstoff B:
HDABS-12 Fresh Start
Farbe: Grey
Aus der Kollektion „August Fields"

Futter:
HDABS-09 Knot Garden
Farbe: Grey
Aus der Kollektion „August Fields"

Große Tasche

Oberstoff A:
HDABS-13 Coreopsis
Farbe: Spruce
Aus der Kollektion „August Fields"

Oberstoff B:
HDABS-13 Coreopsis
Farbe: Green
Aus der Kollektion „August Fields"

Futter:
HDABS-09 Knot Garden
Farbe: Celery
Aus der Kollektion „August Fields"

Extragroße Tasche
Oberstoff A:
HDABS-13 Coreopsis
Farbe: Green
Aus der Kollektion „August Fields"

Oberstoff B:
HDABS-13 Coreopsis
Farbe: Spruce
Aus der Kollektion „August Fields"

Futter:
HDABS-09 Knot Garden
Farbe: Celery
Aus der Kollektion „August Fields"

HÜBSCHE BRIEFTASCHE (S. 55)

Oberstoffklappe:
HDABS-18
Farbe: Mint
Aus der Kollektion „Home Dec Solids"

Oberstoff:
HDABS-14 Bright Buds
Farbe: Brick
Aus der Kollektion „August Fields"

Futter:
HDABS-10 Sunrise
Farbe: Seafoam
Aus der Kollektion „August Fields"

PLISSIERTE CLUTCH (S. 65)

Kleine Tasche
Oberstoff/Plissierung:
AB-42 Dandelion Field
Farbe: Forest
Aus der Kollektion „Daisy Chain"

Oberstoff Blende/Schlaufe:
AB-31 Ripple Stripe
Farbe: Green
Aus der Kollektion „Midwest Modern 2"

Futter:
AB-29 Happy Dots
Farbe: Yellow
Aus der Kollektion „Midwest Modern 2"

Mittlere Tasche
Oberstoff/Plissierung:
AB-26 Martini
Farbe: Mustard
Aus der Kollektion „Midwest Modern"

Oberstoff Blende/Schlaufe:
AB-23 Garden Maze
Farbe: Grey
Aus der Kollektion „Midwest Modern"

Futter:
AB-29 Happy Dots
Farbe: Grey
Aus der Kollektion „Midwest Modern"

GROSSE TASCHE (S. 77)

Oberstoff/Plissierung:
AB-39 Pressed Flowers
Farbe: Turquoise
Aus der Kollektion „Daisy Chain"

Oberstoff Blende/Schlaufe:
AB-38 Daisy Bouquet
Farbe: Indigo
Aus der Kollektion „Daisy Chain"

Futter:
AB-35 Mosaic
Farbe: River
Aus der Kollektion „Daisy Chain"

TRÄNENTASCHE (S. 79)

Kleine Tasche
Oberstoff Hauptteil/Einstecktasche:
AB-28 Trailing Cherries
Farbe: Brown
Aus der Kollektion „Midwest Modern"

Oberstoff Blende/Henkel:
AB-29 Happy Dots
Farbe: Apricot
Aus der Kollektion „Midwest Modern"

Futter:
AB-45
Farbe: Hot Pink
Aus der Kollektion „Quilting-weight Solids"

Große Tasche
Oberstoff Hauptteil/Einstecktasche:
AB-39 Pressed Flowers
Farbe: Forest
Aus der Kollektion „Daisy Chain"

Oberstoff Blende/Henkel:
AB-42 Dandelion Field
Farbe: Grey
Aus der Kollektion „Daisy Chain"

Futter:
AB-37 Kaleidoscope Dots
Farbe: Natural
Aus der Kollektion „Daisy Chain"

Große Tasche (zu sehen auf Seite 89)
Oberstoff Hauptteil/Einstecktasche:
AB-39 Pressed Flowers
Farbe: Forest
Aus der Kollektion „Daisy Chain"

Henkelverlängerung/Hüften:
AB-42 Dandelion Field
Farbe: Grey
Aus der Kollektion „Daisy Chain"

SCHLÜSSELBÖRSE (S. 91)

Oberstoff Hauptteil:
AB-28 Trailing Cherries
Farbe: Brown
Aus der Kollektion „Midwest Modern"

Oberstoff Blende:
AB-29 Garden Maze
Farbe: Mustard
Aus der Kollektion „Midwest Modern"

Futter:
AB-45
Farbe: Fuchsia
Aus der Kollektion „Midwest Modern"

FRANSIGE HOBO-TASCHE (S. 101)

Kleine Schultertasche
Oberstoff Hauptteil/Henkel:
AB-29 Happy Dots
Farbe: Grey
Aus der Kollektion „Midwest Modern 2"

Blende:
AB-39 Pressed Flowers
Farbe: Rose
Aus der Kollektion „Daisy Chain"

Einstecktasche:
AB-23 Garden Maze
Farbe: Sand
Aus der Kollektion „Midwest Modern 2"

Große Handtasche (zu sehen auf Seite 111)

Oberstoff Hauptteil/Henkel:
HDABS-12 Full Bloom
Farbe: Moss
Aus der Kollektion „August Fields"

Blende:
HDABS-15 Frest Start
Farbe: Moss
Aus der Kollektion „August Fields"

Einstecktasche:
HDABS-11 Graceful Vine
Farbe: Spruce
Aus der Kollektion „August Fields"

BLUMIGE HANDTASCHE/ SCHULTERTASCHE (S. 113)

Handtasche

Oberstoff:
HDABS-14 Bright Buds
Farbe: Grey
Aus der Kollektion „August Fields"

Futter:
HDABS-09 Knot Garden
Farbe: Celery
Aus der Kollektion „August Fields"

Unterteilung:
AB-45
Farbe: Grey
Aus der Kollektion „Quilting-weight Solids"

Schultertasche

Oberstoff:
HDABS-17 Dream Poppies
Farbe: Tangerine
Aus der Kollektion „August Fields"

Futter:
HDABS-14 Bright Buds
Farbe: Chocolate
Aus der Kollektion „August Fields"

Unterteilung:
AB-45
Farbe: Ivory
Aus der Kollektion „Quilting-weight Solids"

Schultertasche (zu sehen auf Seite 8, oben rechts)

Oberstoff:
HDABS-24 Trumpet Flowers
Farbe: Emerald
Aus der Kollektion „Love"

ELEGANTE SCHLAUFENTASCHE (S. 127)

Kleine Tasche

Oberstoffklappe:
AB-30 Nouveau Trees
Farbe: Moss
Aus der Kollektion „Midwest Modern"

Oberstoff Hauptteil:
AB-45
Farbe: Lime
Aus der Kollektion „Quilting-weight Solids"

Futter:
AB-30 Happy Dots
Farbe: Pink
Aus der Kollektion „Midwest Modern"

Große Tasche

Oberstoffklappe:
AB-45
Farbe: Slate
Aus der Kollektion „Quilting-weight Solids"

Oberstoff Hauptteil:
AB-31 Ripple Stripe
Farbe: Grey
Aus der Kollektion „Midwest Modern 2"

Futter:
AB-45
Farbe: Fuchsia
Aus der Kollektion „Quilting-weight Solids"

FRÄULEIN MAVENS RÜSCHENTASCHE (S. 141)

Kleine Tasche

Oberstoff Hauptteil:
AB-32 Fresh Poppies
Farbe: Green
Aus der Kollektion „Midwest Modern"

Oberstoff Henkel/Rüschen:
AB-45
Farbe: Green
Aus der Kollektion „Quilting-weight Solids"

Futter:
AB-23 Garden Maze
Farbe: Green
Aus der Kollektion „Midwest Modern"

Große Tasche

Oberstoff Hauptteil:
AB-40 Sweet Jasmine
Farbe: Navy
Aus der Kollektion „Daisy Chain"

Oberstoff Henkel/Rüschen:
AB-38 Daisy Bouquet
Farbe: Turquoise
Aus der Kollektion „Daisy Chain"

Futter:
AB-38 Daisy Bouquet
Farbe: Indigo
Aus der Kollektion „Daisy Chain"

Oberstoff Hauptteil (zu sehen auf Seite 155):
AB-50 Bliss Bouquet
Farbe: Teal
Aus der Kollektion „Love"

Henkel/Rüschen:
AB-46 Sunspots
Farbe: Tangerine
Aus der Kollektion „Love"

VIELFLIEGER-HANDTASCHE/ SCHULTERTASCHE (S. 157) HANDTASCHE (ZU SEHEN AUF S. 169)

Oberstoff Seiten/Boden/Henkel:
HDABS-18
Farbe: Sage
Aus der Kollektion „Home Dec Solids"

Oberstoff vorderes/hinteres Hauptteil/Futter:
HDABS-18
Farbe: Leaf
Aus der Kollektion „Home Dec Solids"

Federn:
AB-33 Floating Buds
Farbe: Sage

AB-23 Garden Maze
Farbe: Olive
Aus der Kollektion „Midwest Modern"

Schrägband:
AB-45
Farbe: Ivory
Aus der Kollektion „Quilting-weight Solids"

Schultertasche

Oberstoff Seite/Boden/Henkel:

HDABS-18
Farbe: Grey
Aus der Kollektion „Home Dec Solids"

Oberstoff Hauptteil/Futter:

HDABS-18
Farbe: Ivory
Aus der Kollektion „Home Dec Solids"

Federn:

AB-40 Sweet Jasmine
Farbe: Grey
AB-38 Daisy Bouquet
Farbe: Mist
Aus der Kollektion „Daisy Chain"

Schrägband:

AB-45
Farbe: Mist
Aus der Kollektion „Quilting-weight Solids"

Eine Auswahl an Händlern, die Amy-Butler-Stoffe führen:

CHARLOTTA'S ZAUBERHAFTE STOFFE UND MEHR
Eppendorfer Weg 229
20251 Hamburg
www.charlottas.de

MASCHENKUNST
Christophstr. 9 – 11
50670 Köln
www.maschenkunst.de

QUILT & TEXTILKUNST
Sebastiansplatz 4
80331 München
www.quiltundtextilkunst.de

QUILTZAUBEREI
Andrea Magedanz e.K.
Marschallstr. 9
46539 Dinslaken
www.quiltzauberei.de

ROSEQUILTS
Starnberger Straße 13
82131 Gauting
www.rosequilts.de

STOFFEKONTOR
Druckereistr. 4, 3. OG
Servicepark Stahmeln
04159 Leipzig
www.stoffekontor.de

FARBENRAUSCH
www.farbenrausch.biz

FASZINATION STOFFE
www.faszination-stoffe.de

NEUMANN'S ATELIER PARADISO
www.paradiso-neumann.de

STILLWATER DESIGNS
www.stillwaterdesigns.de

TRAUMWERKSTATT
www.die-traumwerkstatt.de

TWINS' GARDEN FABRICS
www.twinsgarden.de

VOLKSFADEN
www.volksfaden.de

... und natürlich
www.amybutlerdesign.com

Danksagung

Es ist mir eine große Freude, diese Sammlung den leidenschaftlichen Seelen zu widmen, die nähen und basteln lieben. Ihre Begeisterung und Kreativität inspirieren alle!

Besonderer Dank geht an einige erstaunliche Leute für ihre Beiträge – dieses Buch war nur durch sie möglich. Vielen Dank für die Zusammenarbeit und die ständige Unterstützung: David Butler für deine Liebe, Fürsorge, deinen Sinn für Humor und deine weisen Ratschläge. Dianne Barcus für deine unermüdliche Hingabe und dein Engagement, du bist mein Kompass. Jake Redinger und Kim Ventura für eure Anleitungen und genialen Zeichnungen! Dieses Buch ist durch euch wertvoller geworden. Diane Capaci, „Miss Wonderful", für die Organisation unseres Lebens und das Studio. Joy Jung, Anna Aschenbeck, Suzanne Aschenbeck, Kerri Thomson und Nichole Redinger für eure prächtigen Prüf- und Nähfähigkeiten. Miss Nora Corbet für ihre Unterstützung bei einem fantastischen Styling. Allen Modellen für das Versprühen von viel positiver Energie: Drenda Cline, Heather Corwin, Christina Medrick, Jesse Smith, Rebecca Smith, Holly Struthers, Struthers Taylor und Marie Shuttleworth. Sarah Bailey, Joyce Robertson und dem ganzen Team bei Westminster Fibers für ihre Freundschaft und ständigen Stoffnachschub! Nancy Jewell bei Coats und Clark für reichlich Faden und Reißverschlüsse. Rolando Berdion, Michele Stanganelli und Pellon für kilometerweise Stoff. Patricia Zelek von Prym-Dritz für großartige Verschlüsse. Caroline und Marc für eure Wärme, Inspiration und Anleitung. Dolin O'Shea für deine technische Klarheit. Aya Akazawa für außergewöhnliche Grafik. Kate Woodrow, Carleigh Bell und Laura Lee Mattingl, die die Dinge am Laufen halten. Christina Loff und Nancy Deane für euer Marketing- und Promotion-Know-how. Und Jodi Arshaw für deine nachdenklichen Visionen und deine Präsenz. Ich danke euch allen so sehr.

Amy

Taschen und mehr
Weitere Bücher der Edition Michael Fischer

STOFF, SCHNITT & STICH

Das große Grundlagenbuch des Nähens mit
Modellen von zeitloser Eleganz

EUR 24,99 (D) / 25,70 (A)

ISBN 978-3-86355-179-7

CARRY ME

20 Designtaschen selber nähen

EUR 16,90 (D) / 17,40 (A)

ISBN 978-3-86355-160-5

DOPPELGÄNGER IM SCHRANK

Lieblingsklamotten kopieren –
Grundlagen des Nähens inklusive

EUR 19,90 (D) / 20,50 (A)

ISBN 978-3-86355-163-6

SCHÖNER NÄHEN

Mit exklusiven Stoffen für Sie
und Ihr Zuhause

EUR 24,90 (D) / 25,60 (A)

ISBN 978-3-86355-117-9

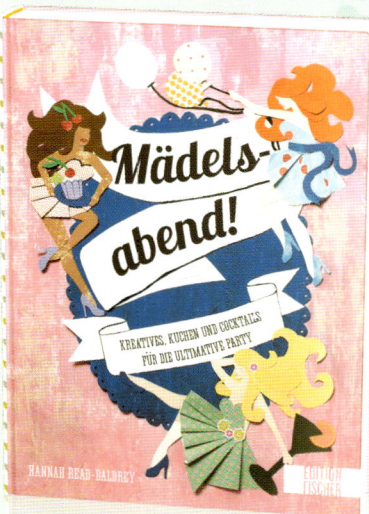

MÄDELSABEND!

Kreatives, Kuchen und Cocktails für
die ultimative Party

EUR 19,90 (D) / 20,50 (A)

ISBN 978-3-86355-151-3

MINICOUTURE ZUM SELBERNÄHEN

Mehr als 20 Modelle für Mädchen und Jungs

EUR 16,99 (D) / 17,50 (A)

ISBN 978-3-86355-214-5

MAMA-BABY-NÄHBUCH

Mehr als 30 Nähprojekte für ein gutes
Bauchgefühl

EUR 16,90 (D) / 17,40 (A)

ISBN 978-3-86355-147-6

ROCK'A'BELLA

Schnitt für Schnitt zur selbst genähten
Kollektion

EUR 29,99 (D) / 30,70 (A)

ISBN 978-3-86355-130-8

TIPPS ZUM ANBRINGEN VON BÜGELEINLAGEN UND VOLUMENVLIES

1. Volumenvlies zum Aufbügeln (Vlieseline® H640)

a. Testen Sie vor dem Fixieren durch einen Bügeltest, ob der Griff und die Haftung Ihren Vorstellungen entsprechen. Waschen Sie den Stoff vor.

b. Schneiden Sie das Vlies in der gewünschten Größe zu.

c. Legen Sie die Einlage mit der beschichteten Seite auf die linke Seite des Oberstoffs.

d. Decken Sie mit einem feuchten Bügeltuch ab und stellen Sie Ihr Bügeleisen auf Wolle/Baumwolle. Drücken Sie das Bügeleisen etwa 15 Sekunden lang Schritt für Schritt auf; nicht schieben!

e. Lassen Sie die Teile nach dem Fixieren etwa 30 Minuten flach liegend auskühlen, damit sich die Haftung stabilisieren kann.

f. Das Vlies ist waschbar bis 40 Grad im Schonwaschgang oder wird chemisch gereinigt.

2. Gewebeeinlage zum Aufbügeln (Vlieseline® G700)

a. Testen Sie vor dem Fixieren durch einen Bügeltest, ob der Griff und die Haftung Ihren Vorstellungen entsprechen. Waschen Sie den Stoff vor.

b. Waschen Sie auch die Einlage. Legen Sie das Gewebe für einige Minuten in warmes Wasser. Lassen Sie es danach an der Luft trocknen. Wringen Sie es nicht aus und waschen Sie es nicht in der Maschine, da sonst die Beschichtung beschädigt werden könnte.

c. Schneiden Sie die Einlage in der gewünschten Größe zu und bügeln Sie die Ränder.

- **Stecken** Sie das passende Schnittteil dem Fadenlauf folgend auf die Einlage. Schneiden Sie das Teil aus. Kürzen Sie die Nahtzugabe auf 0,3 cm.

- **Legen** Sie die Einlage mit der beschichteten Seite nach unten auf die linke Seite des Oberstoffs. Stecken Sie die Einlage fest und bügeln Sie dann den Rand des Gewebes mit der Spitze Ihres Bügeleisens an. Entfernen Sie die Stecknadeln.

d. Bügeln Sie die Gewebeeinlage an.

- **Legen** Sie ein angefeuchtetes Bügeltuch auf den Stoff. Stellen Sie Ihr Bügeleisen auf Baumwolle und drücken Sie das Bügeleisen ca. 12 Sek. Schritt für Schritt auf; Nicht schieben!

- **Lassen** Sie die Teile nach dem Fixieren etwa 30 Minuten flach liegend auskühlen, damit sich die Haftung stabilisieren kann.

e. Das Gewebe ist bis 60 Grad waschbar oder kann chemisch gereinigt werden.

3. Stabile Näheinlage (Vlieseline® S80)

a. Einfach zu schneiden, entweder mit der Schere oder einem Rollschneider.

b. Leicht zu nähen, sogar zwischen mehreren Stofflagen.

c. Flacht beim Bügeln nicht ab und verzieht sich nicht.

d. Kann wegen des fehlenden Fadenlaufs in jede beliebige Richtung geschnitten werden.

e. Maschinenwaschbar bis 30 Grad im Schonwaschgang oder chemische Reinigung.

4. Formbeständige Bügeleinlage (Vlieseline® S520)

a. Testen Sie vor dem Fixieren durch einen Bügeltest, ob der Griff und die Haftung Ihren Vorstellungen entsprechen. Waschen Sie den Stoff vor.

b. Legen Sie die Einlage mit der beschichteten Seite auf die linke Seite des Oberstoffs.

c. Decken Sie mit einem feuchten Bügeltuch ab und drücken Sie das Bügeleisen auf der Heizstufe Wolle/Baumwolle – Schritt für Schritt – 15 Sekunden auf; Nicht schieben!

d. Lassen Sie die Teile nach dem Fixieren etwa 30 Minuten flach liegend auskühlen, damit sich die Haftung stabilisieren kann.

e. Das Gewebe ist bis 40 Grad im Schonwaschgang waschbar (flach liegend oder gerollt im Wäschesack) oder kann chemisch gereinigt werden.

5. Stabile Bügeleinlage (Vlieseline® S133)

a. Testen Sie vor dem Fixieren durch einen Bügeltest, ob der Griff und die Haftung Ihren Vorstellungen entsprechen. Waschen Sie den Stoff vor.

b. Legen Sie den Stoff mit der linken Seite auf die angeraute Seite der Bügeleinlage. Stellen Sie Ihr Bügeleisen auf Wolle und bügeln Sie vorsichtig, mit wenig Druck, die Bügeleinlage vorläufig an. Lassen Sie das Teil abkühlen.

c. Drehen Sie das Teil um und ziehen Sie die Schutzfolie von der Einlage ab. Platzieren Sie das zweite Stoffteil mit der linken Seite auf der Einlage. Decken Sie den Stoff mit einem feuchten Bügeltuch ab.

d. Mit der Bügeleiseneinstellung Wolle/Baumwolle bügeln Sie schrittweise ca. 15 Sek. pro Stelle die Einlage an. Wenden Sie dann das gesamte Teil und bügeln Sie auf die gleiche Weise auch die andere Stoffseite fest.

e. Lassen Sie anschließend alles flach liegend für ca. 30 Minuten auskühlen.

Das feuchte Bügeltuch ist ein guter Indikator: Nach 10 Sekunden sollte das Tuch trocken sein. Falls nicht, erhöhen Sie die Temperatur oder lassen das Bügeleisen länger an der jeweiligen Stelle.